WAGENBACHS TASCHENBÜCHEREI

Flugblatt des Altonaer Jakobinerklubs

Walter Grab

Freyheit oder Mordt und Todt

Revolutionsaufrufe deutscher Jakobiner

Verlag Klaus Wagenbach Berlin

Die Abbildungen auf den Seiten 26, 28, 60, 62, 77, 144, 152, 164 wurden freundlicherweise vom Bildarchiv Preußischer Kulturbesitz zur Verfügung gestellt.

Mit freundlicher Genehmigung der Verlage wurden aus folgenden Aufsätzen und Büchern kurze Textstellen des Autors übernommen:

Die Revolutionspropaganda der deutschen Jakobiner aus: AfS IX, Hannover 1969

Österreichische Freiheitskämpfe im Zeitalter der Französischen Revolution, aus: Wien und Europa zwischen den Revolutionen, Verlag Jugend und Volk, Wien-München 1970

Leben und Werke norddeutscher Jakobiner, J.B. Metzlersche Verlagsbuchhandlung, Stuttgart 1973

Eroberung oder Befreiung? Deutsche Jakobiner und die Franzosenherrschaft im Rheinland 1792-1799, Schriften aus dem Karl-Marx-Haus, Trier 1971

Noch ist Deutschland nicht verloren, Hanser Verlag, München 1970

Umschlagentwurf: Katia Wagenbach
Satz und Druck: DRUCKHAUS Neue PRESSE Coburg
Bindung: Hans Klotz, Augsburg
Repros: Reprowerkstatt Rink und Silbermann, Berlin

ISBN 3 8031 2059 4

Inhalt

Die deutschen Intellektuellen zu Beginn des Revolutionskriegs 1792

Für wen, du gutes deutsches Volk
Behängt man dich mit Waffen?
Für wen läßt du von Weib und Kind
Und Herd hinweg dich raffen?
Für Fürsten und fürs Adelspack
Und fürs Geschmeiß der Pfaffen.

War's nicht genug, ihr Sklavenjoch
Mit stillem Sinn zu tragen?
Für sie im Schweiß des Angesichts
Mit Fronen dich zu plagen?
Für ihre Geißel sollst du nun
Auch Gut und Leben wagen?

Diese Verse wagte Gottfried August Bürger nicht zu veröffentlichen; sie wurden erst achtzig Jahre nach seinem Tod durch den demokratischen Schriftsteller Adolf Strodtmann ans Tageslicht gebracht. Bürger verlieh darin den Ansichten der Mehrheit der deutschen Intelligenz Ausdruck, als sich die preußisch-österreichische Armee im Sommer 1792 anschickte, der Revolution in Frankreich ein gewaltsames Ende zu bereiten. Wenige Wochen nach Beginn des Feldzugs erlitt aber das alliierte Heer bei Valmy eine entscheidende Niederlage, ja mehr, die Revolutionstruppen unter dem Befehl des französischen Generals Custine ergriffen die Offensive und eroberten einen Teil des Rheinlandes. In Mainz, dem »Schlüssel zum Deutschen Reich«, begründeten Universitätsprofessoren und andere Intellektuelle, die den Revolutionsprinzipien anhingen, unter französischer Schirmherrschaft einen Jakobinerklub.

Die unerwarteten militärischen Erfolge der Franzosen wie auch die Sympathie, die ihnen in Deutschland von einem Teil der Intellektuellen und unter den privilegierten Schichten entgegengebracht wurde, riefen bei den deutschen Duodezfürsten und ihrem aristokratischen und klerikalen Anhang grenzenlose Panik hervor. Sie fürchteten, daß sich die revolutionäre Flut über ganz Deutschland ergießen und ihre traditionellen Herrschafts- und Standesprivilegien hinwegschwemmen würde. »Die äußerste Gefahr des Deutschen Reiches bei den immer weiter gehenden Unternehmungen der Franzosen und dem verzweiflungsvollen panischen Schrecken aller Höchst- und hohen Stände kann nicht verkannt werden«, berichtete der kaiserliche Gesandte in Hamburg dem Wiener Hof Anfang November 1792.

Die Koryphäen des deutschen Geisteslebens waren meist zugleich die Wortführer der bürgerlichen Opposition. Sie begrüßten die französischen Waffenerfolge in den Herbstmonaten 1792.

Die Anerkennung und Bewunderung, die *Wieland* dem revolutionären Frankreich zollte, verriet ein Aufsatz seines Weimarer »Neuen Deutschen Merkur« vom November 1792: »Die Französische Nation hat der von außen auf sie eindringenden Gefahr des Vaterlandes eine Fülle von Kraft, eine Einmütigkeit, eine wetteifernde Entschlossenheit zu den größten Aufopferungen, einen Enthusiasmus für Vaterland und Freiheit entgegengesetzt, den man sich wohl nicht eher so groß vorstellen konnte, bis der Augenschein sein Dasein bewies«.

Klopstock, Altmeister der deutschen Literatur, der die Revolution schon früh in mehreren Oden gefeiert hatte, wandte sich Mitte November 1792 von Hamburg aus brieflich an den französischen Innenminister Roland, bedankte sich mit herzlichen Worten für das ihm drei Monate zuvor von der Gesetzgebenden Versammlung verliehene Ehrenbürgerdekret und bezeichnete den Krieg gegen das revolutionäre Frankreich als »ungerecht«.

Schiller erwog gar, seine Jenaer Geschichtsprofessur niederzulegen und sich in Frankreich um ein Lehramt zu bewerben.

In der völlig konträren Einstellung gegenüber dem französischen Vormarsch, wie sie bei den Anhängern der alten feudalabsolutistischen Ordnung einerseits und bei den Intellektuellen und Sprechern des sich emanzipierenden

Bürgertums andererseits zum Ausdruck kam, manifestierte sich der alte Gegensatz zwischen der politisch und sozial bevorrechteten Minderheit und der politisch rechtlosen Mehrheit der Deutschen. Allerdings befürworteten die liberalen Dichter trotz ihrer Genugtuung über die französischen Waffenerfolge keineswegs eine politische Aktivierung der niederen Schichten oder gar eine deutsche »Revolution von unten«. Ihre Staatsauffassung, die sich vor der Revolution herausgebildet hatte, war vom herkömmlichen Quietismus geprägt. Gewohnt, zwischen ihrem Privatleben und der Politik eine Trennungslinie zu ziehen und auf praktischen Einfluß zu verzichten, also den Besitzern der Macht das Lenken des Staates zu überlassen, neigten sie zu zagen Kompromissen mit den traditionellen Mächten. Dies geht zum Teil auf die starke Beeinflussung der deutschen Liberalen durch das Luthertum zurück, das dem Untertan bedingungslosen Gehorsam abverlangte. Nach liberaler Auffassung war es möglich, daß die aufgeklärten Herrscher die Interessen der bürgerlichen Opposition auf dem Wege allmählicher Reformen durchsetzen. Liberale Zeitschriften wandten sich mit der Bitte an die Fürsten, die Wünsche der oppositionellen Kräfte zu erfüllen. Sie hofften die Potentaten zu der Einsicht zu bringen, daß unumschränkte Gewalt ebenso gefährlich für sie selbst wie schädlich für die Untertanen sei.

Waren solche Forderungen schon vor 1789 fast überall unerfüllt geblieben, so wurde in den ersten drei Jahren nach Ausbruch der Französischen Revolution die Repression des liberalen Ideenguts noch verstärkt; die partikularistischen Staatsgewalten in Deutschland fürchteten politischen Aufruhr. Enttäuscht von dieser Praxis ihrer heimischen Fürsten, brachten die Dichter und Gelehrten mit ihrer Befriedigung über die französischen Erfolge im Herbst 1792 nicht mehr, aber auch nicht weniger zum Ausdruck, als daß sie trotz des Sturzes des französischen Königs und des ersten Aufflackerns des Terrors an den ursprünglich verkündeten liberalen Grundsätzen festhielten: an der Gleichheit aller Staatsbürger vor dem Gesetz, der Aufhebung der Vorrechte der Geburt, der Abschaffung der Leibeigenschaft, der Beseitigung der Zünfte und Einführung der Gewerbefreiheit, der Trennung des Staats von der Kirche und der Aufhebung der Zensur. Die französische Nationalversammlung hatte all diese Ideen in der Konstitution von 1791 verfassungsrechtlich verankert. Im Herbst 1792 waren die deutschen Liberalen daher geneigt, von der siegreichen französischen Republik die uneigennützige Befreiung Deutschlands von Absolutismus und Privilegienherrschaft zu erwarten. Ein regeneriertes Frankreich sollte das erhoffte geistige und übernationale »Reich der Freiheit« errichten.

Der liberale Freiheitsbegriff, demzufolge auch der Herrscher den Gesetzen unterworfen war, bedeutete Freiheit von Standesvorrechten, die die wirtschaftliche Entwicklung des Bürgertums hemmten. Damit war er den herkömmlichen ständisch-feudalen Freiheiten, die ja prinzipiell auf das Beibehalten der alten Privilegienherrschaft abzielten, diametral entgegengesetzt. Nicht körperschaftlich, sondern individuell ist nach liberaler Auffassung die Freiheit. Wie in Frankreich machten sich die Liberalen auch in Deutschland zu Sprechern der gesamten Bevölkerung, also auch der privileg- und besitzlosen Unterschichten, obwohl sie objektiv nur die Interessen des Besitzbürgertums vertraten. Dabei störte es sie nicht, daß die angestrebte gesetzliche Verankerung der rechtlichen Gleichheit die politische, soziale und wirtschaftliche Ungleichheit der Staatsbürger keineswegs beseitigte. Ihr Moderantismus ließ sie letztlich an der monarchischen Staatsform festhalten.

Bis zum Herbst 1792 waren die liberalen Auffassungen von Freiheit als wirtschaftlicher und ethischer und von Gleichheit als formalrechtlicher Kategorie in den deutschen oppositionellen Zeitschriften vorherrschend. Der Machtzuwachs des radikalen egalitären Flügels der Jakobiner in Frankreich bewirkte indessen das Auftauchen demokratischer Publizisten auch in Deutschland. Die Wortführer des schon erwähnten Mainzer Jakobinerklubs waren von weltbürgerlichem Sendungsbewußtsein erfüllt. Ihre republikanischen Ideen gingen weit über das hinaus, was die Mehrzahl der liberalen Denker und Dichter zu denken wagte: Die Demokraten forderten das Mitspracherecht aller Staatsbürger, unabhängig von Besitz und sozialer Stellung, an den politischen Entscheidungen. Unter den Auspizien der französischen Revolutionäre entstand zum erstenmal in der deutschen Geschichte eine von Umsturzwillen erfüllte politische Literatur.

Es entspricht dem heutigen Sprachgebrauch nicht, die Ausdrücke ›Demokraten‹ und ›Jakobiner‹ als Synonyma zu verwenden. Die beiden Begriffe haben sich im Laufe der fünf, sechs Generationen, die uns von der Französischen Revolution trennen, völlig auseinanderentwickelt. ›Demokrat‹ ist zu einem Ehrentitel geworden, während die Bezeichnung ›Jakobiner‹ Assoziationen von Umsturz, blutigen Ausschreitungen und Schreckensherrschaft hervorruft. Zur Zeit der Revolution wurden jedoch nicht nur Jakobiner, sondern auch Demokraten von Freund und Feind als Revolutionäre angesehen. Beide Ausdrücke meinten dasselbe. Die Demokraten waren die entschiedensten Gegner der politischen Ordnung und sozialen Hierachie ihrer Zeit; sie waren Revolutionäre, da sie erkannt hatten, daß nur durch die gewaltsame Beseitigung der alten Reichsverfassung und Kleinstaaterei eine stabile Basis für eine nationale Entwicklung zu gewinnen war. Dabei hatte der Demokratiebegriff im großen und ganzen den gleichen Inhalt wie heute: Die Jakobiner strebten ein bürgerliches Staatswesen an, in dem die Gewaltenteilung soweit wie möglich durchgeführt war und das, vom Willen der Mehrheit getragen, bei allgemeinem und gleichem Stimmrecht durch die gewählte Volksvertretung regiert wurde. Derartige Ziele, die den besitzlosen Unterschichten einen gewichtigen Anteil bei der Umgestaltung der politischen Verhältnisse einräumten, wurden von den Herrschenden als »revolutionärer Freiheitsschwindel« bezeichnet und heftig bekämpft.

Im Gegensatz zu den französischen Jakobinern vermochten es die deutschen Demokraten nicht, ihre politischen Auffassungen in die Wirklichkeit umzusetzen, also einen auf dem Prinzip der Volkssouveränität beruhenden Einheitsstaat tatsächlich zu errichten und dem alten auf Geburt und Herkunft beruhenden Privilegiensystem ein Ende zu bereiten. Der deutsche Jakobiner Georg Friedrich Rebmann sah die Gründe, warum in Frankreich die Revolution möglich war, in Deutschland aber nur die Ahnung von einer solchen, folgendermaßen:

»In Frankreich waren nur zwei Hauptinteressen, das Interesse des Hofs, dessen, was zum Hof gehört, des Adels, der Geistlichkeit, und das Interesse des Volkes, der Bürger. Daher entstanden zwei Parteien, die miteinander um die Oberhand kämpften. In Deutschland hingegen haben wir 300 kleine Höfchen, zweierlei Religionen und statt einer gleich leidenden Nation mehrere ungleichartige, durch Religion, Sitten, Regierungsformen getrennte, hie und da ganz leidlich regierte Völker, die nie gleichen Schritt halten können und werden, ehe eine gänzliche, jetzt noch nicht zu erwartende Konsolidation erfolgt.«

Durch die Machthaber von der ersehnten Teilnahme am Staatsleben abgedrängt, mußten sich die Demokraten darauf beschränken, an den herrschenden Verhältnissen in literarischer oder journalistischer Form Kritik zu üben. In zahllosen Zeitschriften und Flugblättern forderten sie das Volk auf, die Überbleibsel des Feudalismus, die das politische Leben erstickten, mit Gewalt zu beseitigen. Da die von ihnen angestrebte Überwindung des Partikularismus praktisch den kompromißlosen Kampf gegen das Übergewicht des alten monarchischen und aristrokatischen Prinzips bedeutete, wurden die Jakobiner von den Herrschenden entweder eingekerkert oder ausgewiesen und von einem Teilstaat in den anderen gejagt.

Die revolutionäre, bürgerlich-demokratische und republikanische Strömung in den neunziger Jahren des 18. Jahrhunderts bleibt in den meisten Geschichtswerken unerwähnt oder wird per Nebensatz als bedeutungslos abgetan. Die literarhistorischen Darstellungen neigen dazu, ausschließlich nach formalästhetischen Kategorien vorzugehen und von dorther die politische Thematik zu denunzieren, indem sie der Kunst eine in sich ruhende, von den Problemen des Tages abgehobene Bedeutung zuerkennen. Solche »Wertungen« haben dazu geführt, daß politisch mißliebige Tendenzen und deren Exponenten nicht ins Bewußtsein der Öffentlichkeit drangen.

Theoretische Grundlagen des deutschen Jakobinismus

Wichtigstes Kriterium für die Bestimmung der jakobinischen Bewegung Deutschlands ist ihre revolutionär-demokratische Grundeinstellung. Die jakobinischen Publizisten verzichteten darauf, sich weiterhin an die *Fürsten* mit Bitten um *Reformen* zu wenden; sie sagten sich von der Ideologie einer evolutionären Umwandlung des Privilegiensystems in die bürgerliche Ordnung los und richteten ihre Appelle ans *Volk* mit der Aufforderung zum gewaltsamen *Umsturz*. Sie sahen es als ihre Aufgabe an, das politische Bewußtsein der Unterschichten zu heben, um von der abstrakten Befürwortung des Repräsentativsystems und des parlamentarischen Rechtsstaats zu seiner praktischen, revolutionären Verwirklichung schreiten zu können und die Geburt der bürgerlichen Gesellschaftsordnung zu beschleunigen. Der Hamburger Jakobiner Friedrich Wilhelm von Schütz drückte dies folgendermaßen aus:

> Wir können dem Publico nur insofern nützlich werden, als wir die Werkzeuge sind, herrschende Vorurteile zu bestreiten und richtige Ideen über diesen oder jenen Gegenstand schneller als sonst gewöhnlich in Umlauf zu bringen. Um uns einer passenden Allegorie zu bedienen, so sind wir gleichsam der Geburtshelfer, die Entbindung zu erleichtern, und wir sehen den verständigen Teil des Publikums als die Gebärerin an, die eigentlich die Hauptrolle spielen muß, und welcher wir die Wehen erleichtern helfen.

Die deutschen Jakobiner begriffen, daß eine stabile Basis für eine nationale Entwicklung in Deutschland nur auf den Trümmern des Reichs, durch eine gewaltsame Beseitigung der alten Reichsverfassung und Konstitution zu gewinnen war. Sie mußten es daher ablehnen, sich an die bestehenden politischen Verhältnisse anzupassen und mit den herrschenden Partikulargewalten Kompromisse einzugehen. Da die demokratische Perspektive auf die Regeneration Deutschlands durch eine siegreiche Volkserhebung gerichtet war, mußte die dumpfe Unzufriedenheit der Bauern und der Stadtarmut mit ihrem materiellen Elend auf politische Ziele gerichtet und in Revolutionsbereitschaft und Umsturzwillen verwandelt werden: Orientierung auf die Revolution mußte auch Orientierung auf die soziale Besserstellung der plebejischen Massen bedeuten. Dabei ist zu betonen, daß auch umgekehrt vom Volke durch lokale Unruhen und Bauernaufstände Impulse und Denkanstöße an Menschen ausgingen, die dadurch zu Jakobinern wurden; dies war z. B. bei manchen Vertretern der niederen Geistlichkeit der Fall.

Um das demokratische Ideal, nämlich eine von überlieferten sozialen Zwängen befreite Gesellschaft, in der die einzelnen nicht mehr Objekte fremder Befehlsgewalt, sondern Subjekte gemeinsamer politischer Entscheidungen sind, zu verwirklichen, war es notwendig, die durch Herkunft und Bildung bedingten und vom Absolutismus konservierten Schranken zwischen den Besitzenden und dem »gemeinen Haufen« niederzureißen. Stil und Diktion der jakobinischen Revolutionsaufrufe, Gedichte und Aufsätze waren der Vorstellungswelt und dem Begriffsvermögen der Mindergebildeten und Minderbesitzenden angepaßt. Die von patriotischer Volksverbundenheit und zukunftsfreudigem Optimismus erfüllten Schriften dieser Volkstribunen sollten die Leser zu kritisch denkenden und politisch aktiven Staatsbürgern heranbilden, sie von der geistigen Bevormundung durch Kirche und Adel befreien und über die engen Grenzen der deutschen Zwergstaaten hinweg ein demokratisches Nationalbewußtsein entfachen. Da die Untertanen der absolutistischen Willkürstaaten eine gleichsam leblose und amorphe Masse waren, während die Emanzipation von den traditionellen Gewalten in Frankreich nationales Selbstbewußtsein und patriotischen Geist erzeugt, die schlummernden Energien des Volks geweckt und die mündigen Staatsbürger zu einer starken und widerstandsfähigen Einheit verschmolzen hatte, wiesen die Jakobiner auf die enge Verbindung, ja Identität zwischen Demokratie und Patriotismus immer wieder hin. Nach ihrer Auffassung konnte sich der Untertan nur in einem demokratischen Staatswesen zum mündigen Bürger entwickeln. Ihr Patriotismus hatte nichts mit chauvinistischer Überheblichkeit, Stolz auf das eigene Volkstum oder Haß auf andere Völker zu tun. Sie betonten vielmehr ihre Solidarität mit anderen von Despotismus und Priesterherrschaft befreiten Nationen. Weltbürgertum und Patriotismus bedeuteten in ihren Augen keinen Gegensatz, sondern waren zwei Seiten der gleichen Medaille. Ihre kosmopolitischen Ideen beruhten auf der Überzeugung, daß Frankreich als bürgerlicher Verfassungsstaat prinzipiell eine sittlichere Politik betreibe als die Willkürregimes der absolutistischen Mächte; als Weltbürger fühlten sie sich gleichzeitig als Vorkämpfer der Befreiung ihrer eigenen Nation vom Feudaljoch. Die europäischen Staaten boten sich ihnen als einheitliches Terrain dar, in dem die »Vernunft« mit den »vielköpfigen Ungeheuern des Despotismus« im Kampf lag. Diese deutschen Citoyens teilten mit ihren französischen Gesinnungsfreunden die Illusion, mit der bürgerlichen Emanzipation auch die allgemeine menschliche Befreiung bewirken zu können. Die Einsicht in die Notwendigkeit, mit dem Volk und für das Volk politische Rechte zu erkämpfen, ohne die alle bürgerlichen Gleichheits- und Freiheitsforderungen blutleere Schemen bleiben mußten, trennte die deutschen Jakobiner von der großen Masse der deutschen Aufklärer, die 1789 voller Begeisterung gewesen waren, aber beim Anstieg auf die Gipfelhöhe des Berges unter Atemnot zu leiden begannen und der Revolution beim Beginn der Jakobinerherrschaft in Frankreich den Rücken kehrten.

Die Jakobiner schöpften aus der politischen und staatsphilosophischen Theorie Rousseaus Anregungen zur Kritik der in Deutschland bestehenden Zustände und sahen nur jene Macht als gesetzmäßig an, die ihre Legitimation auf ausdrückliche Einwilligung aller Volksschichten begründete. Vom Standpunkt des Rousseauschen Gesellschaftsvertrags, der das Streben nach einer konsequenten Beseitigung der Feudalordnung und nach weitgehender Demokratisierung des öffentlichen Lebens am deutlichsten zum Ausdruck brachte, erschienen die feudalen Rechtsverhältnisse als Verletzung der »Natur des Menschen«. Die deutschen Jakobiner sahen die weitgehenden Vollmachten und Zwangsmaßnahmen des Pariser »Großen Wohlfahrtsausschusses« zwar zur Niederringung der Gegenrevolution als unumgänglich und notwendig an, verurteilten jedoch die terroristischen Exzesse und betonten, daß die Diktatur nur kriegsbedingt war, keineswegs permanent sein dürfe und daß das in der jakobinischen Konstitution von 1793 verankerte Recht auf freie Meinungsäußerung aufrechterhalten werden und gewährleistet sein müsse.

Zur Untermauerung ihrer staatspolitischen Forderungen griffen die Jakobiner auch auf die von den »Monarchomachen« (Gegner der Monarchie) und anderen älteren revolutionären Strömungen Westeuropas aufgestellten Vertragstheorien einer beiderseitigen Verpflichtung zwischen Herrschern und Beherrschten zurück und begründeten ihr Widerstandsrecht damit, daß der Vertrag vom Despoten gebrochen worden sei. Auf der Grundlage des Naturrechts ließ sich gewaltsamer Widerstand gegen die etablierte Herrschaft nur aus der Kontinuität des alten und zugleich ewigen Rechts, eben als die Restauration und Regeneration einer bloß durch Fürstenwillkür unterbrochenen Rechtstradition legitimieren. Die Jakobiner betonten, daß die natürliche Gleichheit und Freiheit des Menschen, gegen die die Privilegienordnung verstieß, wiederhergestellt werden müsse und daß daher Widerstand gegen die despotische Obrigkeit das Recht, ja sogar die Pflicht des politisch mündigen Staatsbürgers sei. Die Auffassung, daß die natürlichen und unveräußerlichen Menschenrechte durch kein positives Gesetz des Monarchen aufgehoben werden dürften oder könnten, war dem deutschen Staatsrechtsdenken bis dahin nahezu fremd.

Das Phänomen Regierung, das sich seit Jahrhunderten mit vielerlei Sicherungen umgeben hatte, das durch Tradition und Konvention verklärt und den Untertanen entrückt war und dem die Religion einen festen Platz in der göttlichen Weltordnung verliehen hatte, schien den breiten Volksmassen etwas Jenseitiges. Die Jakobiner unterzogen diesen Gegenstand einer nüchternen Analyse. Sie zogen ihren Lesern den abergläubischen Schleier von den Augen, der das Regierungsgeschäft in etwas Mystisches verwandelt hatte, und erklärten ihnen, daß Könige und Aristokraten die Macht durch Gewalt-, Eroberungs- und Unterdrückungsakte errungen und sich mit kirchlichen Institutionen verbunden hätten, um ihre Herrschaft ideologisch zu begründen. Die intellektuelle Distanz zur Kirche verschaffte den radikalen Aufklärern einen unbefangenen und scharfen Blick für die gesellschaftliche Funktion der Religion als Instrument zur Erhaltung des Privilegiensystems und zur Sicherung der bestehenden politischen Ordnung. Sie hoben hervor, daß Tyrannei und Religion Hand in Hand gingen; wo jene unterdrückt, ist diese mit Gottes Wort zur Stelle, um den Willkürherrscher als von Gott herstammende Autorität und die von ihm verursachte elende Lage des Volkes als gottgewollte Prüfung darzustellen. Die Jakobiner zeigten, daß die politische Unterdrückung der geistigen bedurfte, um die Menschen zu versklaven und die Interessen der herrschenden Klasse zu sanktionieren. Kirche und Staat stellten so eine zusammenhängende Unterwerfungsmaschinerie dar, wobei die Religion als Mittel der geistigen und moralischen Knechtung Lüge, Heuchelei und Zwietracht konserviere. Da die Angriffe vorrevolutionärer deutscher Aufklärer auf die Kirche nur in geringem Maße ins Volksbewußtsein gedrungen waren, bildete der Kampf gegen die Religion eines der Hauptthemen der Jakobiner.

In der Auseinandersetzung zwischen Edmund Burke und Thomas Paine über die Rechtmäßigkeit der Französischen Revolution ergriffen mehrere deutsche Jakobiner energisch für Paine Partei. Versuchte Burke, die historisch bedingten und daher vergänglichen Normen der ständischen Privilegienordnung und die Maxime der Ungleichheit der Menschen zum ewigen und unabänderlichen Naturgesetz zu erheben, so wies Paine nach, daß die durch Tradition geheiligten Werte nichts anderes als der Ausdruck bestimmter durchschaubarer und egoistischer Interessen der Machtträger waren und der Aufrechterhaltung bestehender Herrschafts- und Besitzverhältnisse dienten. Paines Buch *The Rights of Man* wurde sogleich nach Erscheinen unter Georg Forsters Mitwirkung ins Deutsche übersetzt und wegen seiner Beliebtheit bald als das »gepriesene Evangelium« breiter Teile des Volks bezeichnet. Paine betrachtete in diesem Werk alle erbliche Herrschaft als Tyrannei und sah eine auf Gewaltenteilung beruhende Republik, deren Legislative aus allgemeinen und gleichen Wahlen hervorging, als einzig rechtliche Staatsform an. Auf die Wegbereiter der Revolution, Rousseau und Paine, auf die republikanischen Vorbilder der Vereinigten Staaten und Frankreichs wiesen die deutschen Jakobiner in ihren staatsphilosophischen und agitatorischen Schriften immer wieder hin.

In politischer Hinsicht betonten die Jakobiner, daß kein Feudalherrscher jemals den Untertanen politische Rechte zugestanden oder seinen Platz freiwillig geräumt habe und daß daher die schillernde Vielfalt der Privilegienordnung nur durch eine Revolution beseitigt werden könne; in religiöser Hinsicht waren sie antiklerikal, religionskritisch und tendierten zu atheistischen Auffassungen, da sie in der aufklärungsfeindlichen Haltung der Kirchen, in der transzendenten Legitimierung der Monarchie von Gottes Gnaden und im Bündnis zwischen Thron und Altar verläßliche Stützpfeiler der absolutistischen Macht erblickten; in philosophischer Hinsicht waren sie weitgehend von den materialistischen Konzeptionen französischer Aufklärer beeinflußt, wandten sich gegen die Bestimmung des Menschen aus einem überweltlichen Wesen und bekämpften die metaphysische Denkweise, den Mystizismus und den Aberglauben.

Der demokratische Gleichheitsbegriff schloß die von den Liberalen geforderte Rechtsgleichheit ein, ging aber darüber hinaus. Die Jakobiner erkannten, daß auch nach der formellen Gleichstellung der Staatsbürger vor dem Gesetz politische Rechte nur den Wohlhabenden vorbehalten blieben. Da nach ihrer Auffassung die Rechte der Menschen aus ihrer Natur, ihrem Menschsein, nicht aber aus ihrem Besitz entsprangen, forderten sie die vom Privateigentum gelöste *politische* Gleichheit – das Recht aller Bürger, an staatlichen Entscheidungen mitzubestimmen: »Genug, diejenigen, die durch ihre Beiträge die Armeen unterhalten, den Hofstaat ernähren, die Staatsdiener bezahlen, die Wege bessern, die rohen Produkte veredeln und dann versilbern, die Gesundheit des Staatsbürgers erhalten, seinen Geist aufklären und Köpfe haben, von denen sie Kopfgeld bezahlen, sind Bestandteile der Nation, nützliche unentbehrliche Mitglieder und müssen mitgehört werden, wenn von einer Umformung die Rede ist«, heißt es in einem jakobinischen Aufsatz des Jahres 1792.

Allerdings stand das Klasseninteresse der siegreichen Bourgeoisie Frankreichs, die an der Heiligkeit des bürgerlichen Privateigentums nicht rütteln ließ, im Widerspruch zu dem in den Menschenrechtserklärungen niedergelegten Gleichheitsprinzip aller Staatsbürger. Diese Antinomie erschien den Jakobinern als bedauernswerter, aber durch Überzeugung abstellbarer Mangel. Einige von ihnen wandten sich daher mit moralischen und von Rousseau entlehnten Argumenten gegen den Luxus der Wohlhabenden, tadelten die Verschwendungssucht und schilderten in ergreifender Weise das Elend des Fabrikproletariats. Das leidenschaftliche Eintreten der Jakobiner für die Belange der Unterklassen kam auch darin zum Ausdruck, daß ihr Freiheitsbegriff eine viel größere Spannweite besaß als die liberalen Freiheitspostulate, die den Interessen des Großbürgertums zu entsprechen suchten. Das demokratische Freiheitsideal bedeutete Attribut und Funktion der Gleichheit, das heißt Unabhängigkeit vom Einfluß anderer, Befreiung von jeglicher Art politischer Vorrechte und sozialer Unterdrückung. Ihnen galt es, ein Gemeinwesen zu schaffen, in dem eine auf vernünftige, objektive Zwecke gerichtete Übereinstimmung des Wollens herrsche und in dem niemand Verfügungsrecht über seinen Mitmenschen hatte. Eine Gesellschaft von mündigen, ebenbürtigen, politisch gleichberechtigten Staatsbürgern, die kein Untertanenverhältnis kennt, mußte nach ihrer Überzeugung auch frei sein.

Obwohl die Demokraten – im Gegensatz zu den Liberalen – für einen Staat eintraten, der dem Eigentum keine politischen Privilegien einräumte, blieben sie in ihrer überwiegenden Mehrzahl bürgerlichen Eigentumsbegriffen verhaftet. Sie hofften, daß die Beseitigung der alten, auf dem Vorrecht der Geburt beruhenden ständischen Ordnung und die Gewährung politischer Gleichheit für alle die ersehnte »Glückseligkeit« herbeiführen und einen »neuen Menschen« hervorbringen werde. Der Verlauf der Französischen Revolution zeigte jedoch, daß auch nach dem Sturz des Privilegiensystems die auf der Ungleichheit des bürgerlichen Besitzes basierenden Klassengegensätze und sozialen Abstufungen bestehen blieben und daß Ausbeutung und Unterdrückung nicht verschwunden waren, sondern nur ihre *Form* gewandelt hatten: Auch in der neuen Gesellschaftsordnung lebten »die einen als Masttiere, die anderen als Lasttiere«. In wirtschaftlicher Hinsicht ging es in der Revolution um die Freisetzung kapitalistischer Produktionsverhältnisse und um Abwerfung der Fesseln, die der Absolutismus dem bürgerlichen Privateigentum angelegt hatte. Die Jakobinerverfassung von 1793 kam in der Eigentumsfrage nicht über zaghafte Bestimmungen bezüglich Verpflichtung des Staates zur Armenunterstützung hinaus; die radikalen Forderungen Robespierres vom 24. April 1793 wie steuerfreies Existenzminimum, Progressivsteuern, Sozialbindung des Eigentums, Recht auf Arbeit wurden von der Mehrheit des Jakobinerkonvents abgelehnt. Um den Widersprüchen der entstehenden kapitalistischen Ordnung zu entgehen, stellten einige Jakobiner die utopische Forderung nach Besitzgleichheit auf und kamen auch sozialistischen Vorstellungen des gesellschaftlichen Gemeineigentums nahe.

In der von den Jakobinern erstrebten Republik sollten »tugendhafte« Persönlichkeiten Macht ausüben, also jene, die sich um das öffentliche Wohl, um den Fortschritt des Menschengeschlechts Verdienste erwarben, – nicht aber solche, die Verdiensten im Sinne des materiellen egoistischen Profits nachjagten. Diese idealistische, die immanenten Tendenzen der kapitalistischen Ausbeuterordnung verkennende Sehnsucht nach einer Gesellschaft, die nicht den Eigennutz, sondern die Leistung um die allgemeine Wohlfahrt zu ihrer Richtschnur machen und mithin die Entfremdung aufheben sollte, formulierte der preußische Demokrat Hans von Held in einem 1797 verfaßten Gedicht, in dem es heißt:

Edel ist ein jedes Blut, das die Tugend fühlet,
Hochgeboren jeder Mut, der nach Wahrheit zielet,
Nur Verdienst gibt echten Wert, nicht Geburt noch Güter,
Sklav ist, wer die Launen ehrt frecher Volksgebieter.

Die militanten und volksverbundenen deutschen Jakobiner, die die Trugschlüsse des monarchischen Konstitutionalismus durchschauten und daher das politische Credo der wohlhabenden Bourgeoisie ablehnten, blieben einer idealistischen Illusion verhaftet, die für alle bürgerlichen Demokraten der Revolutionsepoche kennzeichnend ist. Von der Rousseauschen Vorstellung der natürlichen Gleichheit aller Menschen und der Volonté Générale ausgehend, glaubten sie, daß es nur der Beseitigung der feudalbürokratischen Bevormundung und der Willkürherrschaft bedürfe, um eine von politischen und sozialen Zwängen freie, gerechte und humane harmonische Ordnung zu errichten. Da sie den historischen Prozeß an idealen, utopischen Gesellschaftsvorstellungen maßen und den Fortschritt als Ausfluß des freien Willens ansahen, waren sie der Überzeugung, daß nach der Abschaffung der Privilegienordnung jede Unterdrückung aufgehoben und die Beziehungen zwischen den Individuen und den Staaten durch die Anwendung aufklärerischer Vernunftprinzipien bestimmt und geregelt sein würden. Ebenso wie die französischen Jakobiner hofften sie, daß das bürgerliche Gemeinwesen, das rechtliche Gleichheit und persönliche Freiheit gesetzlich verankert hatte, den uralten Menschheitstraum verwirklichen und eine auf den Grundlagen der Moral beruhende Politik betreiben werde.

Ihre Bestrebungen, die allgemeinmenschlichen – und daher abstrakten – Emanzipationsideale in Realität umzusetzen, waren jedoch illusorisch, weil sie trotz ihres politischen Radikalismus und ihrer Negierung feudaler Vorrechte das bürgerliche Eigentum als Fundament der sittlichen Ordnung betrachteten und ihm den Charakter eines unverletzlichen Naturrechts zusprachen. Diese Illusionen waren kein Zufall, sondern entsprangen dem Klassencharakter der Französischen Revolution. Der siegreiche Kampf der bürgerlichen Revolutionäre hatte nicht die Begründung eines ethischen Staatswesens zur Folge, sondern führte vielmehr dazu, das markt- und profitorientierte dynamische Leistungs- und Konkurrenzsystem an die Stelle der aus dem Mittelalter tradierten statisch-agrarischen Bedarfdeckungswirtschaft zu setzen und alle feudalen Bewegungshindernisse des Kapitals hinwegzuräumen. Obwohl Frankreich damit eine höhere Stufe der Gesellschaftsentwicklung erklomm, reduzierte sich die Realisierung der von den jakobinischen Aufklärern für alle Menschen erstrebten Freiheitsideale auf die wirtschaftliche Selbstbestimmung und politische Macht von wenigen, nämlich der Finanz-, Handels- und Industriebourgeoisie. Für die Mehrheit der Bevölkerung bedeutete die Etablierung bürgerlich-kapitalistischer Verhältnisse in ökonomischer Hinsicht nichts anderes als die Ersetzung der Fronknechtschaft durch die Lohnknechtschaft. Die materiellen Interessen der besitzenden Nutznießer der Revolution beruhten auf Ausbeutung der Eigentumslosen und ließen die hohen Ideale der Brüderlichkeit und Egalität zu hohlen Phrasen erstarren. Auch nach dem Sturz des Privilegiensystems und dem Niederreißen ständischer Gesellschaftsschranken blieben antagonistische Herrschafts- und Abhängigkeitsverhältnisse, also Klassenwidersprüche bestehen, die der kapitalistischen Produktionsweise immanent und daher unaufhebbar waren. Die entstehende bourgeoise Ordnung, deren entscheidende Triebkraft das individualistische und egoistische Profitmotiv – und nicht das moralische Streben nach harmonischer Entwicklung – war, ließ die Verwirklichung der demokratisch-egalitären Ideale nicht zu. Weshalb die Gesetze des Marktes und nicht die Gesetze der Moral zum wichtigsten Vehikel des von den Adelsvorrechten befreiten Gemeinwesens wurden, blieb den deutschen Jakobinern ebenso verborgen wie ihren französischen Vorbildern. Vom Standpunkt des vernunftgewissen Tugendglaubens Rousseaus konnten sie das Ausbleiben der ersehnten gerechten Sozialordnung nicht materialistisch begründen, nicht auf die objektiven sozialökonomischen Bedingungen zurückführen, sondern blieben subjektiven und moralischen Kategorien verhaftet. Sie neigten daher zur Personalisierung der Klassenkonflikte und schrieben die mangelnde Harmonie und Bruderliebe der Bosheit, der Unfähigkeit, dem Unverstand, dem Egoismus und der Habsucht einzelner politischer Gegner zu.

Die Jakobiner betonten die *Pflichten* des Gemeinwesens gegenüber den sozial Benachteiligten und wirtschaftlich Schwachen. Der Staat, der nach demokratischer Auffassung die Summe aller Bürger, also auch der Mittellosen verkörpert, hat die Aufgabe, den Anspruch aller seiner Bewohner auf materielle und geistige Güter zu gewährleisten. Er muß darauf achten, daß sich der wirtschaftlich Stärkere nicht über Gebühr zur Geltung bringe. Die Demokraten forderten, daß der Staat das Recht des einzelnen auf Arbeit garantiere, für die Unterstützung der Bedürftigen aufkomme, das Bildungsprivileg der Wohlhabenden breche und die Förderung kultureller Interessen übernehme. Sie bejahten daher staatliche Eingriffe in den Privatbereich des Bürgers, was eine Schmälerung des unbeschränkten Verfügungsrechts des einzelnen über sein Privateigentum zur Folge haben mußte.

Obwohl nur eine Minderheit der deutschen Aufklärer sich diese radikalen Auffassungen zu eigen machte und die Majorität an ihren überkommenen gemäßigten Konzeptionen festhielt, sahen die herrschenden konservativen Mächte in *jedem* Aufklärer, auch im zahmsten Liberalen, einen radikalen Demokraten. Die oppositionellen Journale waren ständigen Beschlagnahmungen und Verboten ausgesetzt und daher meist kurzlebig. Zur Unterdrückung der aufrührerischen Ideen boten die Machthaber die erprobten Mittel der Diskriminierung und Diffamierung, des Rufmords und der Korrumpierung auf. Polizeischikanen und Spitzelwesen, die Verletzung des Briefgeheimnisses und körperliche Mißhandlungen der Jakobiner gehörten in fast allen deutschen Teilstaaten zur täglichen Praxis. Die fast überall bestehenden strengen Zensurbestimmungen machten einen über den lokalen Rahmen hinausgehenden Meinungsaustausch und organisatorischen Zusammenschluß der oppositionellen Schriftsteller nahezu unmöglich. Von freiwilligen und gedungenen Konfidenten und Denunzianten ständig beschattet, als »Freiheitsschwindler« verfemt und geächtet, wurden die Jakobiner von einem Teilstaat in den anderen gejagt, ausgewiesen, eingekerkert, ihrer Existenzgrundlage beraubt, zum Selbstmord getrieben oder zur Flucht nach Frankreich gezwungen. Die Verfolgungen wurden dadurch erleichtert, daß die Jakobiner isoliert kämpften und mit den Volksmassen nur selten unmittelbaren Kontakt hatten. Da sich manche Verleger aus Furcht vor der Obrigkeit weigerten, demokratische Schriften herauszugeben, waren die Demokraten oft genötigt, ihre Erzeugnisse illegal zu verbreiten. Zahlreiche Aufrufe und Revolutionsgedichte liegen nur handschriftlich vor. Viele Streiter für ein demokratisches Deutschland mußten mit geschlossenem Visier auf den Kampfplatz treten und ihre Schriften anonym oder unter Pseudonym und unter Angaben von falschen und fingierten Druckorten erscheinen lassen.

Die deutschen Jakobiner verfügten über drei Plattformen zur Verbreitung ihrer Grundsätze und zur Einwirkung auf das Publikum. Es waren die Maurerbünde, die Publizistik und die Bühne. Mehrere Demokraten benutzten alle drei Plattformen gleichzeitig.

Die meisten Jakobiner waren Freimaurer. In den sektenmäßigen Verbindungen der Freimaurerlogen, die über die deutschen Binnengrenzen hinweg Beziehungen unterhielten, suchten die Demokraten gleichsam hinter dem Rücken der Privilegienordnung die gesellschaftliche Gleichheit zu verwirklichen, die ihnen im öffentlichen Leben vorenthalten wurde. Innerhalb des Maurerbundes war der Bürger kein Untertan der Staatsgewalt mehr, sondern Mensch unter Menschen. In den Logen fand die Idee des Humanitätsideals und der moralischen Vervollkommnung begeisterte Anhänger; dort fiel jede Rücksicht auf einengende Standesvorrechte fort. Die große Bedeutung des Freimaurerwesens in Deutschland zur Revolutionszeit war ein Zeichen der Schwäche des Bürgertums, das nicht imstande war, den absolutistischen Staat und die hierarchische Privilegienordnung auf revolutionäre Weise analog zu Frankreich zu beseitigen und daher seine Opposition in Geheimzirkeln auszudrücken versuchte. Zum Wesen der Geheimbünde gehörte aber die beschränkte Zahl ihrer Mitglieder und der dadurch bedingte geringe Einfluß auf die Massen des einfachen Volkes.

Die Publizistik ist als Höhepunkt der jakobinischen Tätigkeit und Wirkungsmöglichkeit anzusehen.

Die Popularisierung der politischen Ideen durch das Medium der Journale und Flugschriften ermöglichte den Übergang von der abstrakten Diskussion über die Vorzüge dieses oder jenes Regierungssystems zur tatsächlichen Anwendung auf die Verhältnisse in den deutschen Teilstaaten, um die Volksmassen zu revolutionären Taten anzufeuern. Die demokratische Literatur der Epoche weist viele Gattungen auf; die Skala reicht von schwierigen staatstheoretischen Werken bis zu philosophisch-lehrhaften und satirischen Romanen, Zukunftsutopien, Reisebeschreibungen, Agitationsbroschüren und kritischen Kommentaren zum Tagesgeschehen. Besonders zahlreich sind die Revolutionsgedichte; mittels einprägsamer Verse wandten sich die Jakobiner darin fast ausschließlich an den einfachen Mann. Die Freiheitsgedichte sind als Bindeglieder zwischen den gebildeten Demokraten und dem Volk anzusehen. Obwohl sich fast alle Jakobiner publizistisch und schriftstellerisch betätigten, hatte sich fast keiner von ihnen ursprünglich den Journalismus als Lebensberuf gewählt; die Unzufriedenheit mit den politischen Zuständen drängte sie zur Publizistik. Alle Bildungsberufe – Theologen, Offiziere, Advokaten, Ärzte, Lehrer, Universitätsprofessoren – sind unter den Jakobinern zu finden. Nur Angehörige dieser Berufe konnten sich das für einen Publizisten notwendige historische und politische Wissen aneignen. Bei dem damaligen Fehlen einer staatlichen Grundausbildung vermochten Menschen aus den unteren Sozialklassen die zur Herausgabe von Zeitschriften nötigen Kenntnisse nicht zu erwerben.

Nicht nur durch die Presse, sondern auch von der Bühne herab konnte auf die öffentliche Meinung Einfluß genommen werden. Das Theater, auf dem sich ein Stück bürgerlichen Emanzipationskampfes abspielte, konnte eine erzieherische Funktion auf ungebildete Massen ausüben und ihnen demokratisches Gedankengut nahebringen. Die Wirkungsbreite der Bühne übertraf infolge des Analphabetentums breiter Bevölkerungsschichten sogar noch die Presse. Durch die von der Bühne herab verkündete moralische Rechtsprechung wurde die Unzulänglichkeit der bestehenden Sozialordnung jedermann deutlich sichtbar vor Augen geführt. Hier war es den Stückeschreibern und Schauspielern möglich, den absolutistischen Staat anzuprangern und über seine Repräsentanten Verdammungsurteile zu fällen. Ebenso wie in den Freimaurerbünden die Privilegienordnung kritisiert wurde und sich die Logen durch ihre

Geheimhaltung dem Arm weltlicher Gerichtsbarkeit entzogen, war die Bühne imstande, die Untaten und die Unfähigkeit der politischen Gewalthaber zu geißeln und lächerlich zu machen, ohne daß die Verfasser der Stücke Gefahr liefen, zur Rechenschaft gezogen zu werden. Allerdings barg die Bühnentätigkeit der Jakobiner auch einen Nachteil: Das Theater konnte in seiner künstlerischen Aussage zwar eine versteckte politische und moralische Verurteilung der herrschenden Zustände aussprechen, war aber viel weniger als die Presse imstande, die bestehende Ordnung unverhüllt und offen zu bekämpfen.

Das Aufpflanzen des Freiheitsbaumes in Speyer

Der Werdegang des Jakobiners Eulogius Schneider bis zu seiner Flucht aus Deutschland

Wohlan, der Freiheit traute Brüder!
Uns blinkt der Freiheit Morgenrot!
Der Tyrannei blutdürstge Hyder
Schwur unsrer Freiheit grausen Tod.
Hört ihr die wuterfüllten Horden
Von fremden Kriegern euch bedräun?
Schon rückt ihr Schwarm in Frankreich ein,
Um Weib und Kinder zu ermorden.
Zu Waffen, edles Volk! Mit echtem Frankenmut
Zerstört die Despotie und der Verräter Brut!

Mit diesen Versen, die Ende Oktober 1792 in Straßburg entstanden, begann die erste Nachdichtung der französischen Revolutionshymne, der Marseillaise. Der deutsche Übersetzer war der ehemalige Franziskanermönch Eulogius Schneider, der Kutte und Kirchenglauben abgeschüttelt, sich zum Evangelium der Revolution bekannt und seinen Aufenthaltsort ins gelobte Land der Freiheit verlegt hatte.

Unter den zahlreichen deutschen Intellektuellen, die der Geburt der neuen Gesellschaftsordnung zu Beginn der Französischen Revolution begeistert zujubelten, befanden sich nicht wenige Angehörige des katholischen Klerus. Keiner von diesen Geistlichen zog die Aufmerksamkeit der Mitwelt mehr auf sich, keiner hatte ein ungewöhnlicheres Schicksal als Schneider, der sich die menschheitsbefreienden Ideen der Aufklärung schon vor Beginn der Revolution zu eigen gemacht hatte.

Schneider stammte aus Franken. Er wurde am 20. Oktober 1756 im Dorfe Wipfeld, das zum Kurfürstentum Würzburg gehörte, geboren und auf den Namen Johann

Eulogius Schneider

Georg getauft. Sein Vater, ein verarmter Weinbauer, hatte eine zahlreiche Familie zu ernähren. Der Pfarrer seines Heimatortes, der den frühreifen und begabten Knaben zum gehorsamen Diener der alleinseligmachenden Kirche heranziehen wollte, verschaffte ihm einen Freiplatz am Würzburger Jesuitengymnasium. Die Priesterlaufbahn war der traditionelle Weg mittelloser Bauernsöhne, soziale Sicherheit und Versorgung, Prestige und Aufstiegsmöglichkeiten zu erlangen. Der junge Mann sträubte sich jedoch dagegen, Kuttenträger zu werden und sein Leben im Zölibat zu verbringen. Anstatt sich, wie es sein Gönner wünschte, in die Lehren der Kirchenväter und Scholastiker zu vertiefen, belegte er nach seiner Gymnasialzeit an der Würzburger Universität Kollegien in Jurisprudenz, Philosophie und klassischer Philologie, nahm am fröhlichen und ungebundenen Studentenleben regen Anteil und entwickelte sich zum glühenden Anhänger der Aufklärung. Vom großen Aufschwung der deutschen Poesie in diesen Jahren des Göttinger Hainbunds und des Sturms und Drangs mächtig angezogen, glaubte er sich zum Dichter geboren und begann selbst, Verse zu schmieden. Der Pfarrer, der ihn gefördert hatte, war über seinen Schützling empört und veranlaßte den Entzug des kirchlichen Stipendiums. Seiner Unterhaltsmittel beraubt und vom Stachel der Not getrieben, wußte der 21jährige keinen anderen Ausweg, als im wahrsten Sinne des Wortes zu Kreuze zu kriechen. Trotz seines inneren Widerstrebens, sich den Lebensweg von der Kirche vorschreiben zu lassen, trat er in Bamberg als Novize in den Franziskanerorden ein. Dort nahm er den Mönchsnamen Eulogius an; die nächsten neun Jahre verbrachte er hinter Klostermauern.

Mit Hilfe des Augsburger Weihbischofs, der aufklärerischen Ideen zuneigte, gelang es dem verfolgten Freiheitsapostel, die Entlassung aus dem Kloster zu erwirken. Er erhielt päpstlichen Dispens, um eine Anstellung als Hofkaplan beim katholischen Herzog Karl Eugen von Württemberg anzunehmen. Dieser Herrscher war zwar wegen seiner Günstlings- und Mätressenwirtschaft und der langjährigen Einkerkerung des Dichters Schubart berüchtigt, glaubte aber, mit der Berufung des Rebellen im Priesterrock seine Sympathie mit den Ideen der Aufklärung dartun zu können und teilte ihm die Ernennung mit wohlklingenden Worten mit:

»Ich erwarte von ihm, daß er mir die Wahrheit sagt. Fürsten hören ohnehin selten die Wahrheit; wenn sie dieselbe nicht etwa noch von der Kanzel vernähmen, so würden sie doppelt unglücklich sein.«

Schneider war überglücklich, die Mönchskutte abwerfen zu können. Seine Predigten interpretierten die Aufforderung des Herzogs, ihm die »Wahrheit« zu sagen, in aufklärerischem Geiste. Von den Prinzipien des Naturrechts ausgehend, betonte Schneider in seinen Reden, daß die Bindung der Untertanen an den Herrscher keineswegs einseitig sei, sondern daß der Gesellschaftsvertrag, auf dem die politische Ordnung beruhe, nur dann gelte, wenn der Monarch seinen moralischen Verpflichtungen gegenüber den Beherrschten nachkomme. – Damit fiel der neue Kaplan in den Stuttgarter Hofkreisen bald unliebsam auf. Seine entschiedene Befürwortung der Volkssouveränität machte ihn bei den weltlichen und geistlichen Würdenträgern des Herzogtums verhaßt. Da er nicht in den Schmeichlerchor der Hofschranzen einstimmen wollte, wurde seine

Stellung in Stuttgart allmählich unhaltbar. Er bemühte sich um das endgültige Ausscheiden aus dem Klerus und sah sich nach einem neuen Wirkungsfeld um. Ein einflußreicher Freund empfahl ihn dem Kurator der kurz zuvor gegründeten kurfürstlichen Universität zu Bonn, Baron Franz Spiegel zum Diesenberg, der für Beschränkung des kirchlichen Einflusses auf die Erziehung eintrat. Spiegel wollte der neuen Hochschule durch Errichtung eines Lehrstuhls für »schöne Wissenschaften«, also für Literatur und Dichtkunst, Glanz verleihen. Schneider akzeptierte mit Freude die Berufung, die ihm den Sprung von der Kanzel zum Katheder ermöglichte, und erhielt im Januar 1789 durch Vermittlung des Kölner Kurfürsten Max Franz die päpstliche Erlaubnis, Weltgeistlicher zu werden. Zum Bonner Professor ernannt, nahm er am 23. April seine Vorlesungen auf, – zwei Wochen, bevor in Frankreich die Generalstände zusammentraten und die Revolution begann.

Die Lebensbahn des früheren Franziskaners schien sich jetzt in steilem Aufstieg zu befinden. Sein mutiges Eintreten für die Rechte der Untertanen und für die Toleranz hatte ihn ebenso bekannt gemacht wie seine dichterischen Versuche. Mit der Autorität des akademischen Lehrers ausgestattet, glaubte er, an der erzbischöflichen Universität als Bahnbrecher der neuen Ideen wirken zu können. In seinem Antrittsvortrag feierte er die mit der Aufhebung des Jesuitenordens angebrochene Epoche der Denkfreiheit und gab der Forderung Ausdruck, daß das katholische Schrifttum seine scholastischen Fesseln abstreifen müsse, um nicht hinter der Aufklärung in den protestantischen Gebieten Deutschlands zurückzubleiben. Seine Kollegien hatten mit neunzig Hörern einen für damalige Verhältnisse unerhörten Zulauf.

Die revolutionäre Entwicklung in Frankreich beflügelte seinen poetischen Schwung. Als im Juli 1789 das Symbol des französischen Despotismus, die Bastille, von den Pariser Volksmassen erstürmt und vernichtet wurde, rezitierte Schneider sein soeben verfaßtes Gedicht »Auf die Zerstörung der Bastille« begeistert seinen Hörern vom Katheder herab. Einige Strophen lauten:

Dort lieget sie im Schutte, die Bastille,
Der Schrecken einer Nation!
Dort lieget sie! Die fürchterliche Stille
Durchbricht nicht mehr des Jammers Ton.

Nicht ferner wird lebendig hier begraben
Der Weise, der die Wahrheit schrieb,
Der unbestochen von des Fürsten Gaben
Und taub bei seiner Warnung blieb.

Gefallen ist des Despotismus Kette,
Beglücktes Volk, von deiner Hand:
Des Fürsten Thron ward dir zur Freiheitsstätte,
Das Königreich zum Vaterland.

Kein Federzug, kein: Dies ist unser Wille
Entscheidet mehr des Bürgers Los.
Dort lieget sie im Schutte, die Bastille,
Ein freier Mann ist der Franzos!

Schneider, der in Bonn eine überaus rege öffentliche und literarische Tätigkeit entwickelte, wurde bald als Haupt der demokratisch gesinnten Aufklärer des Rheinlands angesehen. In der Lesegesellschaft, die die fortschrittlichen Kreise der Universitätsstadt vereinigte, wandte er sich gegen »die Giftpflanze des herrschsüchtigen Aristokratismus«, dem er die Schuld an den politischen und sozialen Übelständen zuschrieb.

1790 erschien in Frankfurt eine Sammlung von Schneiders Gedichten, die viel beachtet wurde und mehrere Auflagen erlebte. Im Subskribentenverzeichnis, das etwa 750 Namen, darunter viele geistliche und weltliche Würdenträger aus den westlichen und südlichen Kleinstaaten des Reiches umfaßte, war auch »Herr van Beethoven, Hofmusikus zu Bonn« zu finden. Der angehende Tonkünstler, der damals an der Bonner Universität studierte, besuchte Vorlesungen Schneiders und war von dessen Persönlichkeit und politischen Auffassungen sehr beeindruckt.

Die orthodoxen Kreise waren über die Erotik von Schneiders Liebesliedern, über die Attacken auf das Papsttum und die Zölibatsbestimmungen der Kirche ebenso empört wie über den unüberhörbaren Klang der Revolutionsfanfaren, die in den Gedichten widerhallten – denn Schneider kündigte seine Bereitschaft an, sich für den Sieg der Freiheitsideen aufzuopfern:

Dem Fanatismus Hohn zu sprechen,
Der Dummheit Zepter zu zerbrechen,
Zu kämpfen für der Menschheit Recht,
Ha! Das vermag kein Fürstenknecht.
Dazu gehören freie Seelen,
Die lieber Tod als Heuchelei,
Und Armut vor der Knechtschaft wählen.
Und wisse, daß von solchen Seelen
Die meine nicht die letzte sei!

Schneiders offene Parteinahme für die Französische Revolution mehrte die Zahl seiner Gegner. Ein Katechismus, den der Aufklärer Mitte 1790 herausgab, führte zu erneuten Konflikten mit dem katholischen Klerus. Als der Verkauf des Katechismus verboten wurde, protestierte er gegen diese Entscheidung in der Presse. Dies führte zum Bruch mit dem Kurfürsten. Als er um eine Audienz bat, ließ ihn der Herrscher von Lakaien aus dem Palast hinauswerfen. Seiner Stellung enthoben und aus dem Erzbistum ausgewiesen, fürchtete der geistliche Ketzer, eingekerkert zu werden. Er verließ Bonn bei Nacht und Nebel und begab sich im Juni 1791 kurz entschlossen ins Elsaß.

Schon einige Wochen zuvor hatte er erkannt, daß er zwischen Fürstengunst und Freiheitskampf eine Entscheidung treffen mußte. Er bewarb sich um einen Lehrstuhl an der Straßburger Universität, da er erfahren hatte, daß es wegen der Weigerung zahlreicher Geistlicher, sich der bürgerlichen Neuordnung zur Verfügung zu stellen, an deutschsprachigen Theologen im Elsaß mangelte. Daher konnte er sogleich nach seiner Ankunft seine Lehrtätigkeit an der Fakultät für katholische Theologie der Straßburger Universität aufnehmen. Er wurde auch zum Vikar des Bischofs Franz Anton Brendel ernannt, der ebenfalls aus Franken stammte und sich zum Evangelium der Revolution bekannt hatte.

In der etwa 50 000 Einwohner zählenden Hauptstadt des Elsaß war der aus Deutschland verjagte Freiheitsprediger endlich in seinem Element. Er trat in die »Gesellschaft der Konstitutionsfreunde« ein, wo sich das politische Leben konzentrierte; die meisten Mitglieder waren damals konstitutionell-monarchistisch gesinnt. Der Klub hielt französische und deutsche Sitzungen ab, in denen die Tagesfragen eifrig debattiert und die Dekrete der Pariser Nationalversammlung verlesen wurden. Schneider wurde bald einer der wichtigsten Redner des Klubs und scharte eine Anzahl demokratischer Anhänger um sich, die die zahlreichen Revolutionsgegner bekämpften und ein enges Bündnis mit den Handwerkern, Arbeitern und Tagelöhnern anstrebten.

Schneider war der bedeutendste, aber keineswegs der einzige deutsche Aufklärer, der, vom Zukunftsdrang getrieben, ins Land der Revolution emigrierte. Etwa hundert Geistliche aus den katholischen Fürstentümern des Reiches verlegten in den nächsten Monaten ebenfalls ihren Wirkungskreis ins Elsaß; aber auch aus protestantischen Gebieten floh eine Anzahl weltbürgerlicher Vorkämpfer der deutschen Demokratie dorthin, weil der Polizeiterror, die Gesinnungsschnüffelei und das Spitzelwesen es ihnen in Deutschland unmöglich machten, ihre politischen Konzeptionen offen zu verbreiten. Das Elsaß erschien diesen engagierten Revolutionsfreunden als weites Tor, durch das die ersehnte Freiheit und Gleichheit in das verfallene Reichsgebäude einziehen sollten. Diese demokratischen Weltbürger wählten das Elsaß zum Zufluchtsort, weil sie in diesem deutschsprachigen, vom Feudalismus bereits befreiten Gebiet als gleichberechtigte Citoyens wirken, ihre völkerbefreienden Ziele ungehindert propagieren und die unterdrückte Mehrheit der deutschen Bevölkerung rechts des Rheins zu revolutionären Aktionen ermutigen konnten.

Die Prominentesten von Schneiders Gesinnungsfreunden waren der Schriftsteller und Staatstheoretiker Karl Clauer aus Berlin, der Philologe und Sprachlehrer Friedrich Butenschön aus Bramstedt in Holstein, der Philosoph und Theologe Anton Joseph Dorsch aus Mainz und der Lehrer an der württembergischen Karlsschule Friedrich Christoph Cotta aus Stuttgart, der ältere Bruder des bekannten Verlegers. Diese franzosenfreundlichen Weltbürger erhielten durch einige elsässische Demokraten, darunter den protestantischen Theologen Johann Daniel Wolff und den Schuster Johann Jung, Zuzug und entwickelten sich zu den radikalsten Repräsentanten der deutschen Aufklärung, zu Jakobinern.

Karl Clauers »Sendschreiben an alle benachbarten Völker Frankreichs, zum allgemeinen Aufstand«

Höhepunkte der deutsch-jakobinischen Publizistik waren zwei Flugschriften, die Clauer nach seiner Flucht 1791 im Elsaß verfaßte: »Der Kreuzzug gegen die Franken« – eine Warnung an die deutschen Fürsten, von der geplanten Intervention in Frankreich Abstand zu nehmen, weil ihre Niederlage unvermeidlich sei – und sein »Sendschreiben an alle benachbarten Völker Frankreichs, zum allgemeinen Aufstand«. Das letztere Dokument, das erst kürzlich wiederentdeckt und neu veröffentlicht wurde, beweist den hohen politischen Reifegrad der exilierten bürgerlichen Avantgardisten. Clauer brach bewußt mit dem obrigkeitshörigen Liberalismus, indem er darauf verzichtete, sich an die »Vernunft« der Regierenden zu wenden, um von ihnen Konzessionen zu erbetteln. Im nationalen und sozialen Befreiungskampf des Nachbarlandes ein historisch notwendiges Beispiel für das eigene Volk erblickend, machte er sich zum Sprecher der von den bevorrechteten Schmarotzern gepeinigten und geschundenen Plebejer in Stadt und Land.

Clauer appellierte nicht an die Bevölkerung dieses oder jenes deutschen Teilstaats, sondern ans ganze Volk, seine wahren Interessen zu erkennen, sich gegen die Fürsten zu erheben und der Revolution zu verbünden. Sein Aufruf schloß mit einer optimistischen Zukunftsvision, deren revolutionäres Pathos den Vergleich mit dem mehr als vierzig Jahre später entstandenen »Hessischen Landboten« Georg Büchners nicht zu scheuen braucht.

Sendschreiben an alle benachbarten Völker Frankreichs, zum allgemeinen Aufstand

Du der du auch sein magst, dem dieser Brief zu Händen kömmt, und der ihn lesen kann, her da, setz dich mit mir in irgend einen Winkel allein. Denn, allein, unter vier Augen, muß ich mit dir reden. Ins Herz, tief ins Herz möchte ich dir reden. Dein Herz wird meine Sprache verstehen. Ich will dich fragen, und dir nicht heucheln. Antworte mir, und heuchle du mir auch nicht! Gesinnungen will ich in dir erwecken, die in deinem Herzen schlafen. Und wann du dann deine Gedanken mit den meinigen vergleichst, so wirst du dich freuen, und wundern, daß du denkest, wie ich denke, und daß du große Dinge vermagst, die du dir nie getrautest.

Mensch, der du jetzt den Brief liesest, antworte mir! – *Was bist du?* Und der Elende, der von dir ein Almosen bettelt, was ist er? – Ein Mensch, wie du. Nicht wahr? Und der Fürst, der über dich herrscht, was ist er, wenn du ihn als Mensch betrachtest? – Ein Mensch, wie du. Nicht wahr?

Die Kinder deines gnädigen Herrn, deines Fürsten, deines Königes – betrachte sie! – Kommen sie schöner, größer, stärker auf die Welt, als die deinigen? – O nein. Öfters findet sich vielmehr das Gegenteil.

Und wann sie einst sterben, die großen Herren, die mächtigen Fürsten und Könige, was werden sie? – Fühllose, stinkende Leichname, der Würmer Speise, wie die Leiber deiner Väter. Dies können sie selber nicht leugnen. Und werfe man sie anstatt ins Grab, auf das offene Feld hin: würden wohl die Raben zwischen ihrem Körper und dem Aase deines verreckten Ochsen oder Esels einen Unterschied machen? Frage sie!

Aber woher kömmt es denn, daß diese Menschen, so lang sie leben, so hoch über euch herfahren? Daß sie sich eure *Herren* nennen? daß sie euch so abscheulich verachten? daß sie von lauter Gnade reden, wenn sie euch tun, was sie zu tun schuldig sind?

Seid ihr dann von anderer Natur, von geringerm Stoff, als sie? Habt ihr von Natur durchaus nichts mit ihnen gemein? Hat denn euch eure Geburt ihnen zum Sklaven bestimmt? Und müsset ihr euch noch glücklich genug schätzen, wenn sie nicht gar unmenschlich mit euch verfahren? Betrachte *einmal* dein Pferd, deinen Ochsen, deinen Esel! *Sieh,* wie geduldig dies dein Vieh sich an den Pflug spannen, Lasten auflegen läßt, und alles tut, wozu du es antreibst! Es ist zufrieden, wenn es im Stall sein Futter findet. Und wenn es auch nichts fände, wenn du es auch Hungers verrecken ließest; so wäre es doch nicht imstande, zu denken, daß du es von Gottes und Rechts wegen zu füttern schuldig bist. Auch kennt es seine Stärke nicht, wodurch es, im Notfalle, sich selber Recht schaffen könnte. Warum aber dies? – Ei, warum anders, als weil es keine Vernunft hat, als weil der liebe Gott es von Natur deinem Willen blindlings unterworfen hat? Auch wann du es nicht mehr brauchen kannst, so darf es sich nicht über dich beschweren, wenn du es dem Metzger verhandelst, oder den Nachrichter rufst, es aus dem Stalle zu holen. Zu allem dem hast du, als Eigentumsherr deines Viehes, ein angeborenes Recht.

Aber, überlege nun auch einmal, ob dein Herr dir selbst anders begegnet? Was er dich tun heißt, das tust du. Willst du es nicht tun, so mußt du. Lasten über Lasten legt er dir auf. Die trägst du, als wenn es so sein müßte, auch wenn du darunter erliegen müßtest. Von der Frucht deiner Arbeit läßt er dir nur, soviel du notwendig brauchst, um für ihn arbeiten zu können. Auch auf die Schlachtbank läßt du dich geduldig führen. Alles läßt du mit dir und aus dir machen, als wenn du keine Vernunft hättest; oder haben dürftest, oder als wenn dein Herr eben so viel Recht über dich hätte, als du über dein Vieh.

Aber hatte denn Gott, als er die ersten Menschen schuf, auch wirklich gesagt, daß die Einen über die Andern sich erheben, und nach ihrer Willkür mit ihnen verfahren sollten? Daß die Einen mit den besten Speisen sich mästen, die Andern hingegen Hungers sterben sollten? Daß die Einen ihr ganzes Leben hindurch in Überfluß schwimmen, in Wollust, Üppigkeit, Freuden und Mutwillen jeden Tag hinbringen; die Andern hingegen ihr notdürftiges Brot täglich in ihren Schweiß dunken, oder auch wohl gar Hungers sterben sollten?

Überlege doch dies einmal, lieber Mitbruder! überlege es ernstlich, und – antworte mir aufrichtig!

Sie tragen Waffen, die großen Herren, dir damit Furcht und Schrecken einzujagen. Oft lassen sie es auch beim Drohen nicht bewenden. Sie schlagen damit auf dich zu, können dich auch damit morden; und dir erlauben sie indessen nicht, Waffen, wie sie, zu tragen, die dir doch zu deiner Verteidigung so nötig wären.

Dein gnädiger Herr ist, o wie viel reicher als du, und dennoch, o wie wenig ist, was er für das gemeine Wohl steuert, in Vergleichung mit dem unerträglichen Joche von Auflagen, worunter du seufzest und jammerst!

Du allein wirst zu Fronen aufgerufen, um Landstraßen zu bauen oder auszubessern, da doch Er, dein Gnädiger Herr, diese Straßen mehr braucht, als du. Wie bequem fahren da seine herrschaftlichen Fuhren! Wie geschwind kömmt er da auf seiner Lustfahrt fort, auf die Jagd, in die Stadt, zu öffentlichen Lustbarkeiten, oder an das Haus seiner Hure.

Du allein wirst gebraucht, den Truppen ihr Gepäck zuzuführen, und bekömmst keinen Heller dafür.

Deine Kinder allein müssen das Los ziehen, wer im Kriege dienen soll. Davon sind die Kinder deiner Herren, von Geburtswegen ausgenommen.

Dir ist nicht erlaubt, selbst zu mahlen. Du magst wollen oder nicht, so mußt du deine Frucht auf die herrschaftliche Mühle führen, ob du gleich ganz gewiß weißt, daß der Müller dich bestehlen muß, weil der gnädige Herr ihm deswegen auch den Pacht hoch angesetzt hat.

Alle, die sich eure Herren nennen, ihre Knechte, ihre Hunde sogar, verheeren, durch ihr Jagen, eure Ernten, und euch ist indes bei schwerer Strafe verboten, auch nur einen Hasen zu schießen, der euch eure Saat frißt.

Ihr werdet nur immer mehr mit Auflagen überladen, diese füllen täglich den Beutel eurer Fürsten, woraus sie ihre Pracht, ihre Schwelgerei bezahlen, ihre Huren, auch wohl eure Quäler belohnen, damit sie euch nicht umsonst quälen. Euch aber lassen sie bald kaum so viel, als ihr zu eures Lebens Notdurft durchaus bedürfet.

Sind eure Brüder, eure Söhne, in Kriegsdiensten; so mögen sie auch noch so lang dienen, sich auch noch so tapfer halten. Lang hin, lang her; tapfer hin, tapfer her! Sie bleiben immerhin gemeine Soldaten. Nach dreißigjährigem Dienste trifft sichs auch oft, daß du, guter, alter, tapferer Soldat noch einer Rotznase, einem unbärtigen Buben deines gnädigen Herrn zu Gebote stehen mußt, den man sogleich beim Eintritt ins Regiment zum Hauptmann macht, ob er gleich noch nicht einmal die Flinte tragen kann.

Hast du aber einen Sohn, den du wegen vortrefflichen Gaben dem geistlichen Stande widmest; so weißt du ja ohnehin schon, daß er, auch mit Engelsgaben, weiter nichts werden kann, als Pfarrer oder Vikar. Solche wackeren Männer, die dem Staate täglich die wichtigsten Dienste leisten, haben kaum so viel Einkommen, als für ihr täglich Brot hinreicht; da indes großer Herren Söhne sogleich Priore, Prälaten, Koadjutoren werden, oft ehe sie noch ihr A b c-Buch verlassen, und wissen können, was links und rechts ist. Da bekommen sie dann reiche Abteien, prächtige Staatskutschen, Pferde, Livreen; da prassen sie im üppigen Leben, daß sie bersten mögen. Und diese Herrlichkeit haben sie denn größtenteils dem Zehnten zu danken. Woher haben sie aber den Zehnten? Du weißt es ja selbst am besten. Woher anders, als aus euern Feldern?

Und sie allein, diese hochadeligen Äbte, können auch Bischöfe und Erzbischöfe werden. Und diese Bischöfe und Erzbischöfe nennen sich, wie du weißt, Nachfolger der Apostel, obgleich, wie wir aus dem Evangelium wissen, diese Apostel meistens Fischer und gemeine Leute waren, welche Jesus Christus, mit gutem Vorbedacht, aus der niedrigsten Klasse der Bürger gewählt hat, um uns dadurch zu zeigen, daß in Gottes Augen alle Menschen einander gleich sind; daß Gott keinem Menschen mehr Recht, als dem andern gegeben; daß er keinen Menschen von Geburt an zum Adelstand oder zum Pöbel bestimmt hat.

Viele von diesen hochadeligen Bischöfen und Erzbischöfen, werden auch wohl gar weltliche Herrscher, Fürsten und Könige, mit Leibwachen umgeben, und mit mächtigen Kriegsheeren versehen. Aber, wenn du diese Apostel erblickst, fällt dir nicht, wie mir, dabei ein, was Jesus Christus vor dem Landpfleger Pontius Pilatus mit dürren Worten bezeugt hat: *Mein Reich ist nicht von dieser Welt!*

Gelüstet es nun diesen fürstlichen Bischöfen, oder bischöflichen Fürsten, oder auch andern bloß weltlichen

Herrschern, mit ihren Nachbarn Krieg anzufangen, was ist dann zu tun? Sind es nicht deine Söhne, deine Brüder, deine Verwandten, und andere deinesgleichen, die dann hingehen, und sich niedermetzeln lassen müssen, bloß damit ihre Rache, ihr Blutdurst gestillet werde, und ihr Ehrgeiz volle Genüge habe? Und wenn dann jene mit ihrem Schöpsensinn für sie gutwillig dem Martertod und der Hölle selbst in ihren feurigen Rachen stürzen, was tun inzwischen ihre Herren? teilen sie etwa die Gefahr mit ihnen? O, davon sind sie weit entfernt. Dort im Schoße ihrer Mätressen sitzen sie sicher. Dort im Taumel fleischlicher Lust käme ihnen auch nur ein Gedanke an eigne Gefahr lächerlich vor.

Wenn wir sie reden hören, oder wenn wir lesen, was ihre Minister dem Volk verkünden: so sollte man wirklich glauben, daß der Krieg notwendig ist, daß man der Nation großen Schimpf angetan hat, und daß daher das Wohl der Nation den Krieg nötig macht. (. . .)

Nachdem Clauer die Schrecken des durch die Fürsten verschuldeten Krieges geschildert hatte, fuhr er fort:

Das Wort Nation hast du wohl schon gehört, auch wohl selbst schon oft ausgesprochen. Aber hast du auch je dabei bedacht, was es eigentlich bedeutet? Was heißt denn Nation? Bist du nicht selbst ein Teil davon? Du, dein Weib, deine Kinder, deine Verwandten, deine Freunde, deine Nachbarn, und alle deine Landsleute, die zusammen machen die ganze Nation aus. Nun aber bedenke! Was haben diese deine Landsleute, deine Nachbarn, deine Freunde, deine Verwandten, deine Kinder, dein Weib, und endlich du selbst, was habt ihr alle samt und sonders für Vorteil davon, wenn ihr euch mit Einwohnern eines andern Landes in Mordstreit einlasset? Ist es euch nicht unendlich nützlicher, wenn ihr zu Haus in Ruhe das Land bauet, das ihr bewohnt, und mit euern Mitmenschen in anderen Ländern im Frieden lebt? – (. . .)

Lasse einmal deine Vernunft in dir herrschen. Zieh einmal in Gedanken deinem Sohn ein bischöfliches Kleid an! Setz ihm die Bischofskappe auf den Kopf und gib ihm den Bischofsstab in die Hand. Wird er dann nicht ebensogut, als der Sohn eines Edelmannes, das vollkommene Ansehen eines Bischofs haben? (. . .)

Stelle in Gedanken einen deiner Knechte neben einen Edelmann! Du wirst finden, daß beide aus gleichem Stoff nach gleicher Form gebildet sind. Das Blut deines Knechtes ist ebenso rot, wie das Blut des Hochwohlgeborenen. Ist hier je ein Unterschied wahrzunehmen, so möchte es etwa der sein, daß das hochadelige Blut nicht so gesund, nicht so rein, nicht so hochfärbig ist, weil es oft durch hochadelige Ausschweifungen und Krankheiten verderbt wird.

Merk dir's wohl, lieber Mitbruder! Wenn du neben einem Menschen stehst, der so groß ist, wie du; so scheint ihr einander an Größe ebenso gleich, als ihr's auch wirklich seid. Kniest du aber vor ihm nieder; so scheinst du dann um die Hälfte kleiner, als er. Aber steh nur wieder auf, und halte dich gerade gestreckt; sogleich wirst du auch finden, daß du wieder ebenso groß bist, wie er. Also glaube mir! Die andern sind nur darum *groß,* weil du selbst dich *klein* machst, sind nur darum von Adel, weil du dumm genug bist, es zu glauben.

Hab einmal das Herz, und laß alle die ungerechten Privilegien, womit sich die Vonherren über dich erheben, aus deinem Sinne fahren, und sieh dann, ob du nicht ebenso edel, vielleicht auch wohl noch edler, als sie, bist. Ihr Adel ist eine Seifenblase, die zerplatzen muß, sobald deine Vernunft sie anhaucht. Sie nennen sich von Adel, und behaupten, sie seien größer als du; und du bist bisher gutherzig genug gewesen, ihnen auf ihr Wort zu glauben, ohne zu wissen, warum sie es sind. Mach du deines Orts nur, daß sie, wie du, dem Staate, nach Maßgabe ihres Vermögens, das Ihrige beitragen; daß sie, wie du, die Landstraßen bauen und ausbessern helfen, oder wenigstens Leute für ihr Geld dingen, die für sie arbeiten; daß sie, wie du, zu Würden und Reichtümern nur dann gelangen können, wenn sie dieselben verdient haben; denn wird sichs klar zeigen, daß sie um kein Haar größer sind, als du, und daß du ebenso edel bist, als sie. (. . .)

Du wirst demnach nicht mehr zweifeln, daß ein Kaiser, König, Fürst, kurz ein Herrscher, ein bloßer Mensch ist, wie alle andern auch; daß es ein Bürger ist, dem die Nation die Pflicht aufgetragen hat, alle andern Bürger dazu anzuhalten, daß sie dem allgemeinen Willen der Nation, das heißt, den Gesetzen, die sie sich selbst gegeben hat, Gehorsam leisten. Folglich wirst du nun auch deutlich einsehen, daß dieser Herrscher – den man sonst auch Souverän nennt, weil er der oberste Befehlshaber ist – um der Nation willen, und selbst durch die Nation das worden ist, was er ist, und nicht umgekehrt, wie diese Leute, und ihre Anhänger glauben, und andere so gern bereden mögen, daß nämlich die Nation um ihretwillen geschaffen sei. (. . .)

Hat es aber nun damit seine Richtigkeit; so versteht sich's wieder von selbst, daß einem solchen Souverän die Macht nicht zukommt, seine Nation, das heißt seine Mitbürger – denn seine Untertanen, sein Eigentum, sind sie nicht, so sehr er sich's auch einbilden möchte – nach eigenem Gutdünken in den Krieg, auf die Schlachtbank zu schicken, damit nämlich sein Stolz, sein Zorn wider einen andern Souverän, oder wider eine andere Nation gestillet, oder seiner Eroberungssucht Genüge getan werde.

Da aber doch eine Nation immer in Gefahr ist, von einem andern Souverän, oder von einer andern Nation feindlich angegriffen zu werden; so muß sie auch zu ihrer Sicherheit ein beständiges Heer erhalten, das sich immer in den Waffen und in allen Kriegsgeschäften wohl üben muß, um den Staat, im Notfalle gegen feindliche Angriffe zu schützen. Dazu wird aber nun viel Geld erfordert. Auch kosten der Unterhalt des Fürsten und seines Hofes, Richter, und so manche andere Notwendigkeiten des Staates großen Aufwand. Truppen müssen also aus der Nation geworben, und der Bürger zu Bestreitung der Staatskosten mit Auflagen belegt werden. Dieses Geld nun kommt alles in die Kasse des Herrschers. Dieser ist aber, wie wir nun deutlich einsehen, ein Mensch, und hat folglich, wie jeder andere Mensch, seine Leidenschaften, seine Lüsten und Begierden, ist auch täglich mit so vielen andern Menschen umgeben, die auch wieder ihre besondern Begierden und Leidenschaften haben. Diese schmeicheln ihm, um von ihm Geld oder Ehrenstellen zu erhaschen. (. . .)

Anstatt das Geld, das ihm die Nation gibt, zu ihrer Wohlfahrt zu verwenden, verschwendet er es, und braucht es zu einem Mittel, die Nation unter sein Joch zu bringen. Nichtswürdige, die ihm schmeicheln, die ihn überlisten und betrügen, werden von ihm reichlichst belohnt. Niederträchtiger als Knechte schmiegen sie sich ihm zu Füßen, und gehorchen seinem Wink. Da ihnen nun ihr sklavischer Gehorsam so einträglich ist, und da sie das Herz ihres Gebieters völlig in ihrer Gewalt haben, so lassen sie ihren gebieterischen Willen, so wie ihn ihr Herr über sie ausläßt, nun auch, mit noch größerer Härte und Grausamkeit an euch aus.

Die Souveräne, wenn sie von der Nation reden, über welche sie als Handhaber der Gesetze gesetzt sind, pflegen immer zu sagen: *Mein Volk, meine Nation.* Nun kann zwar freilich der Knecht eben so gut zu seinem Herren sagen, mein Herr; als der Herr zu ihm, mein Knecht. Aber in dem Sinne nehmen die Fürsten dies Mein und Dein nicht. Sie verstehen darunter ein Eigentumsrecht. Und in dem Verstande sollte vielmehr die Nation sagen: *Mein Fürst, mein König.* Denn die Nation ist es ja, die ihn zum Fürsten und Könige macht, damit durch seine Sorgfalt die Gesetze der Nation, zum Besten der Nation, beobachtet werden. Dafür bekommt er ja auch von der Nation seinen jährlichen Gehalt. Es sei denn, daß es ein Fürst wäre, der die Nation mit gewaffneter Hand unter seine Botmäßigkeit gebracht hätte. In diesem Falle aber wäre er so gut ein Straßenräuber zu nennen, als jener, der seinem Nachbarn seine Herde raubt.

Gesetzt nun aber auch, ein Fürst hätte einen solchen Straßenraub wirklich begangen; so wirst du mir mit deinem gesunden Menschenverstand doch gestehen müssen, daß dann das so gewaltig unterjochte Volk ein angeborenes Recht hat, die Ketten seiner Sklaverei, sobald es ihm nur immer möglich ist, wieder zu zerreißen, so wie jeder Mensch das Recht hat, die Bürde, worunter er erliegen müßte, abzuwerfen. Hat hingegen die Nation ihren König gewählt; so wird die Absicht, worin sie ihn gewählt hat, ihm zur Pflicht, und zu dieser Pflicht hat sie das Recht, ihn anzuhalten und zurückzurufen, wo er die Schranken seiner Gewalt überschritten hätte. Dies muß sie tun, sobald sie kann, und sie kann es tun, sobald sie nur ernstlich will.

Denn sag mir doch aufrichtig, wie stünde es um die Gewalt eines Souveräns, wenn seine Hofschranzen und sein Schmeichlergeschmeiß ihm seinen Willen nicht täten? Wie stünde es um die Gewalt dieser Schmeichler und seiner sogenannten Minister, wenn alle, die sich zusammen Adel nennen, und zunächst unter ihren Befehlen stehen, sich weigerten, ihre Befehle zu vollziehen? Wie stünde es ferner um die Gewalt derer, die sich eure *gnädigen Herren* nennen, und überhaupt aller, die sich vornehmer, und mehr zu sein dünken, als ihr, wenn ihr einmal aufhören wolltet, sie zu fürchten, euch unter ihre Gewalt zu beugen, und zu tun, was sie von euch getan haben wollen? Beruht ihre Machthabung nicht gänzlich auf eurer gütigen Unterwürfigkeit, auf eurem freiwilligen Gehorsam? Wie schwach werden sie in einem Augenblicke sein, sobald ihr das Herz habt, eure Furcht vor ihrer eingebildeten Macht in den Wind zu schlagen und zu glauben, es ihnen auch dreist ins Gesicht hinein zu sagen, daß sie nicht mehr sind, als ihr.

Wie stünde es endlich um die Einkünfte unserer Herrscher, wenn wir ihnen keine Auflagen mehr bezahlten? Mit welchem Arm wollten sie Kriege führen, wenn ihr, die ihr ihnen im Kriege dienet, euch nicht mehr wolltet für sie niedersäbeln und verstümmeln lassen, da unterdessen sie für euch, und auf eure Kosten, sich lustig machen?

Wie lange, sagt doch, wie lange wollet ihr noch fortfahren, euch und die Eurigen, euer Glück, eure Ehre, euer Blut, euer Leben, den schändlichsten Leidenschaften, dem unerträglichen Übermut, den zügellosen Begierden solcher Leute aufzuopfern, die doch eigentlich berufen sind, für die Wohlfahrt der Nation an ihrer Statt Sorge zu tragen? Einem solchen Haufen nichtswürdiger, aufgedunsener, trotziger, barbarischer Tagediebe, die sich von anderm Blut entsprossen, aus besserm Leim gebildet zu sein dünken, und die euch daher für ihre Sklaven, für ihr Vieh halten, bloß weil ihr wollet, daß sie nur immer fortfahren, euch zu meistern, zu placken, zu verhöhnen und zu schinden; – denn wollet ihr noch ferner eure Nacken darhalten, um den Staub von ihren Füßen zu lecken?

Ja, ja, das wollet ihr. Denn es steht ja bloß in euer Gewalt, nicht mehr zu wollen, und der Tyrannei ein Ende zu machen.

Habt nur einmal das Herz, ernstlich zu wollen, was vor Gott und Menschen recht und billig ist. Vereinigt euch, und seid einmütig und standhaft in euern Gesinnungen. Bildet nach dem Beispiel der Franken Staatsversammlungen, die in euch das Feuer der Vaterlandsliebe entzünden und unterhalten können. Denket ernstlich den mannigfaltigen Leiden und Demütigungen nach, die ihr so ewige Zeiten hindurch von einer Handvoll Wollüstlinge, Taugenichtse und Bösewichter habt erdulden müssen, welche ihr doch, sobald ihr nur wollet, in einer Minute, wie Ungeziefer von euerm Haupte abschütteln könnet! (. . .)

Wenn die nichtswürdigen Leute, die dich von so langem her unter ihrem Joche so unbarmherzig schmachten lassen, keine Vernunft hören, nach gesundem Menschenverstand sich nicht bequemen wollen, so habe du deine Vernunft, deinen gesunden Menschenverstand für dich! Fasse herzhaft einen männlichen, festen Entschluß, und du wirst sehen, mit Herzensfreude wirst du sehen, wie ihre große Gewalt, womit sie sich so sehr brüsten, in einer Minute wird verschwunden sein, wie Rauch, der aus deinem Schornstein in den Wind fährt.

Sieh, was die nun freien Franken in einem Tage geleistet haben! Folge ihrem Beispiele! Sie haben der Welt gezeigt, was eine Nation wider ihre großen Herren vermag, wenn sie Ernst braucht. Sie haben Machtsprüche gesprochen, diese werden sie sich nie gereuen lassen. Kein Adelstand sagten sie, kein Bürgerstand soll mehr sein! Alle und jede ohne Unterschied sollen Bürger, sollen Brüder sein! Und sieh! in einem Hui verschwand der Adel, wie der Schatten eines Körpers, den rings umher das Licht beleuchtet.

Die Könige, sagten sie, denen wir die Macht gegeben haben, unsre Gesetze zu vollziehen, haben diese Macht schändlich mißbraucht; haben sich zu Despoten, zu willkürlichen Gebietern aufgeworfen; haben sich töricht eingebildet, daß die Nation nur ihretwegen geschaffen sei, haben ihren eigenen Willen an die Stelle des Willens der ganzen Nation gesetzt. – Nein, so soll es nicht mehr sein! – So sprachen sie, und sieh! Der Monarch, den sie nun haben, hat augenblicklich aufgehört, ein unumschränkter Gebieter zu sein; auch seine Minister haben augenblicklich aufgehört, Tyrannen, Barbaren zu sein.

Ferner haben sie gesprochen: Unsere Stellvertreter,

denen wir unsern Willen aufgetragen haben, sollen unsere Gesetzgeber sein! – Dem Könige soll bloß die ausübende Macht anvertraut werden! – *Frei,* durchaus *frei* wollen wir sein! Zwar unser König mag immer unser König bleiben! Aber nicht Er soll der Herr! Wir, wollen Herr und Meister im Hause sein! Zwar soll er auch noch immer regieren! Aber nur weil wir wollen, weil wir es so für gut befinden. – (car tel est notre plaisir.) Seine Regierung soll sich genau nach unserer Vorschrift richten! – Er soll unter uns wie ein Vater unter seinen Kindern sein! – Väterlich soll er jeden unter uns, der sich vom Gesetze verirret, zurechtweisen! Wir wollen für seine Wohlfahrt arbeiten, für seine Ruhe, für seine Sicherheit, für seine Ehre sorgen! – Aber so, wie wir uns keine Kosten noch Mühe verdrießen lassen; ihn glücklich, froh und vergnügt zu machen; so soll er auch für unser Glück und Heil, für unsere Sicherheit und Zufriedenheit immer eifrigst besorgt sein! Ungezwungen, mit Lauterkeit, mit edler Freimütigkeit, aus reiner Vaterlandsliebe soll er das Amt verwalten, das wir ihm anvertrauen! Die Wohlfahrt des Staates soll ihm, wie uns immerhin und überall das höchste Gesetz, die heiligste Pflicht sein! (. . .)

Diese Franken, über welchen endlich die Sonne der Aufklärung aufgegangen, bei denen es endlich durch ihr ganzes Reich heller Tag worden ist, – diese Franken haben sich, jede in ihren besonderen Wohnstätten, versammelt, um Deputierte oder Abgesandte zu wählen, welche als Stellvertreter der Nation eine beständige Versammlung bilden sollen. Diese Versammlung, sagen sie, soll jedermann so ansehen, als wenn wir selbst, die wir sie gesandt haben, als wenn die ganze Nation da gegenwärtig und fort und fort in eigener Person daselbst versammelt wäre. Und unser Willen ist, daß diese Versammlung einmal für allemal ausmachen und verordnen soll: daß künftighin alle und jede Auflagen nach dem Einkommen eines jeden Bürgers genau abgemessen werden, daß an der Last des Staates alle und jede ohne Unterschied tragen helfen sollen, aber nur so, wie sie jeder nach seinen Kräften und Glücksumständen zu tragen vermag! – Daß der Arme mit allen und jeden Fronen, wie sie auch immer heißen mögen, womit er bisher von reichen und übermütigen Müßiggängern geschoren war, künftighin verschont bleiben soll! – Daß künftighin der Weg zu Ämtern und Ehrenstellen einzig und allein der Tugend, den Verstandesgaben und Geschicklichkeiten offen sein soll, und daß man nicht mehr, wie bisher, durch leidiges Geld, oder durch abgeschmackte Vorzüge einer Geburt dazu gelangen darf, wo zwar jedermann weiß, wer Mutter, aber wo nur die Mutter weiß, wer eigentlich Vater ist! – Daß künftighin das Volk allein das Recht und die Macht haben soll, zu den Staats- und Ehrenämtern, durch die meisten Stimmen, den Bürger zu ernennen, zu welchem es vor andern sein Zutrauen haben, und der sich dazu vor andern würdig und tüchtig beweisen wird; und daß diese Plätze nicht mehr, wie bisher, von hochmütigen und geldgierigen Ministern, oder gar von königlichen Huren an Nichtswürdige vergeben werden sollen! Daß die Diener des Altars, welche dem Staate durch die Verrichtungen ihres heiligen Amtes so wichtige Dienste leisten, künftighin auf Kosten der Nation genährt und unterhalten werden sollen, damit sie nämlich frei und ledig von allen zeitlichen Bekümmernissen, von allen weltlichen Sorgen, die nicht zu ihrem Amte gehören, ihren heiligen Geschäften mit ungeteilten Seelenkräften, und mit aller der Uneigennützigkeit, wovon ihnen Jesus Christus sein Vorbild hinterlassen hat, getrost abwarten können.

Zugleich aber haben auch die Franken, was den Punkt der Religion betrifft, deren Reinigkeit ihnen am meisten am Herzen liegt, dies Machtwort gesprochen: daß jene reichen und unnützen Äbte, jene von Stolz und Übermut strotzenden Prälaten, die sich Nachfolger der Apostel zu sein dünken, denen sie doch vom Kopfe bis zu Fuße so durchaus unähnlich sind, künftighin vor der schrecklichen Gefahr gesichert und geschützt sein sollen, worin sie bisher den Anfechtungen ungeheurer Reichtümer, in einem Stande, der die Verleugnung irdischer Schätze an der Stirne trägt, so wenig, so unmöglich widerstehen konnten.

Ferner haben die Franken beschlossen, daß dem Landmanne, der uns Übrigen durch den Feldbau unsers Lebens Notdurft verschafft, der reine, nette Gewinn seines sauern Schweißes nicht mehr entzogen, daß der Zehnte, als die Frucht seines Fleißes, künftighin auf seinem Acker liegen bleiben, und in seine eigene Scheuer gesammelt werden soll: und daß dieser Zehnte nicht mehr, wie bisher, die Wämste buntscheckiger Legionen von wollüstigen Taugenichtsen füllen; nicht mehr, wie bisher, Mönche mästen soll, die ihres schändlichen Müßigganges selbst überdrüssig sind! Hingegen sollen alle diese vermummten Müßiggänger und privilegierten Wollüstlinge, die euch Tugenden predigen, wozu sie selbst so wenig Lust bezeugen, die unter heuchlerischer Tracht der Armut von Reichtümern strotzen, und bis zum Bersten schwellen, von ihren albernen Gelübden losgesprochen, wieder in Freiheit gesetzt, zu nützlichem Fleiße, zu priesterlichen Verrichtungen, oder sonst zu ehrbaren Beschäftigungen angewiesen werden, wodurch ihnen die öffentliche Achtung wieder zuteil werden kann! – So sprachen die tapfern Franken, und – sieh, lieber Mitbruder! In einem Hui verschwanden Mönche, und alle Zehnten blieben, wo sie bleiben sollen.

Endlich sprachen die Franken: Der Soldat, wer auch sein Vater, wer auch seine Verwandten immer sein mögen, soll künftighin zu allen Ehren- und Befehlshaberstellen der Armee mit allen auch noch so Hochwohlgeborenen gleich gerechte Ansprüche haben. Dazu sollen ihm bloß seine Rechtschaffenheit, seine Tapferkeit, sein Verstand, sein Mut, seine Tüchtigkeit den Weg bahnen! Ebenso soll auch der geringste Matrose Schiffshauptmann, ja sogar Admiral (Anführer einer Flotte) werden können, wenn es sich nämlich zeigt, daß er sowohl durch seine Rechtschaffenheit, als vorzügliche Kenntnis, Erfahrung und Geschicklichkeit im Seewesen vor allen andern dazu berufen ist.

So, lieber Mitbruder! so sprachen die Franken. So gaben sie ihren Worten Kraft. So schwangen sie sich gerades Weges auf die Höhe der Glückseligkeit, die sie nun besitzen, und wovon keine Macht, wenn sich auch ganz Europa wider sie verbände, imstande sein wird, sie wieder zu stürzen.

Aber höre nun auch, worauf es anfangs, als die Franken von ihrem Könige zu der Wahl ihrer Deputierten aufgefordert wurden, an seinem Hofe, im Sinne der Prinzen, Minister und übrigen Hofschranzen, abgesehen war. Da kannst du dir wohl vorstellen, daß sie damals an diese Glückseligkeit, wozu die Nation durch ihre Vermittlung erhoben werden sollte, selbst im Traume nicht dachten. Diese Wölfe dachten bei der Versammlung der Herde nur nach ihrer Wolfsnatur.

Nachdem sie den Schatz der Nation rein ausgeplündert, die öffentlichen Gelder verschleudert, alle Hilfsquellen erschöpft und den Staat in die äußerste Dürftigkeit gestürzt hatten, so trieb sie endlich die Not, ihre Zuflucht zu der gutherzigen Nation zu nehmen. Aber da mußten sie doch einen ehrbaren Vorwand haben. Sie beriefen also jene Versammlung der Deputierten unter dem Scheine, als wenn es ihnen um die Abstellung abscheulicher Mißbräuche recht ernstlich zu tun wäre. In der Tat aber war ihre Absicht, nur die verstopften Quellen der alten Mißbräuche wieder zu öffnen, und noch mehrere Quellen zu neuen Mißbräuchen zu graben. All ihr Dichten und Trachten war nur auf Mittel gerichtet, ihre unersättliche Hab- und Prachtsucht zu stillen. Und dafür sollte die Nation die Bürgschaft über sich nehmen. Ja, sie wollten sogar die Deputierten zur Einwilligung in neue Auflagen durch die Allmacht ihres Ansehens zwingen. Allein diese Stellvertreter der Nation fühlten sich da in der Hoheit ihrer Würde, und taten, was ihr Beruf von ihnen forderte. Sie hoben ihr Haupt empor, machten sich fest, erwiesen sich standhaft, und sagten den Ministern, nach ihrer innigen Überzeugung, mit dürren Worten: daß sie, als Minister des Königs, eigentlich nur die ersten Diener der Nation, nur die obersten Werkzeuge der ausübenden Gewalt wären. Beuget, sagten sie ihnen, euren Stolz vor der Nation, der ihr dient! Nicht zu befehlen, zu gehorchen habt ihr hier. – Eine solche derbe Abweisung war ein Dolchstich in ihr verwöhntes Herz. Sie, wie alle die großen Herren, die am Hofe wie Schmeißmücken hangen, waren bisher gewohnt, mit Gewalt zu erpressen, was sie durch List und Trug nicht erhalten konnten. Dies wollten sie denn jetzt auch tun. Die Deputierten, die sich zu einer so niederträchtigen Unterwerfung nicht verstehen wollten, die von ganzem Herzen glaubten, daß sie sich nicht unterwerfen könnten, ohne die Nation, die sie abgesandt hat, äußerst zu beschimpfen; – eine Nation, die endlich einmal zu reifer Vernunft gekommen ist, die denken und fühlen gelernt hat, was sie sein kann, und was sie ist, und bisher gewesen war; – diese tapfern Deputierten wurden jetzt in dem Saale, wo sie sich versammelt hatten, auf Befehl jenes Hofgeschmeißes, von Truppen und schwerem Geschütze umringt, und förmlich belagert. In ihrem Felsenherzen hatten die Minister, diese privilegierten Wüteriche, den Tod aller derer beschlossen, die sich erfrechen würden, ihren tyrannischen Befehlen Trotz zu bieten. (. . .)

Als ihr Oberster: gebt Feuer! rief; wie meinst du, wie ihm und jenen Unmenschen, auf deren Befehl er da kommandierte, zu Mute war, als seine Leute, anstatt zu schießen, das Gewehr streckten, auch nachher nicht eher wieder zu den Waffen griffen, als bis es um die Eroberung der Bastille zu tun war, einer Festung, welche die Tyrannei des Hofes mitten in der Hauptstadt, wie in eines Feindes Lande hatte aufbauen lassen. Die Festung, so unüberwindlich sie auch den Volksfeinden schien, hatte des Volkes Löwenmut bald erobert. Da mußten die darin kommandierten, die eingefleischten Teufel, welche die Bürgerschaft auszurotten und die ganze Stadt zu zerstören drohten, ihr teuflisches Vorhaben mit dem schmählichsten Tode büßen. O, wahrlich, gerechte Strafe für solche Ungeheuer, die sich entschließen konnten, an ihrem Vaterlande selbst einen Mord zu begehen!

Dies taten Soldaten, die bisher bei dem Hof allein in Gold stunden. Aber nun? – O, nun sind alle Franken geborene Krieger. – Soldaten will ich sie nicht nennen, denn sie dienen für ihre eigene Sache, für ihre Ehre, Wohlfahrt und Leben; sie dienen einem Souverän, wovon jeder von ihnen selbst ein Glied ist. Jeder von ihnen trägt sein Vaterland, für welches er einst zu streiten haben möchte, in seinem Herzen. (. . .)

Nun denn, ihr alle, denen dieser mein Brief zu Händen kommt, die ihr nun lesen und verstehen, und die Kraft seiner Worte fühlen könnet, – höret nun noch meinen wohlmeinenden Rat!

Nehmet, was die Franken getan haben, Euch selbst zum Muster! Glaubt nur gewiß, wie an Geburt, so auch an herzlicher Zuneigung sind sie eure Brüder. Sie sind nicht mehr, wären sie auch gewesen, wofür ihr sie hieltet, lüftige Franzosen, Verächter aller andern Nationen. An ihrer neuen Verfassung läßt sich ihre erneuerte, menschenfreundliche Gesinnung deutlich, wie in einem Spiegel, erkennen. Wenn euch eure großen und kleinen Tyrannen bereden wollen, daß die Franken eure Feinde sind, so sind sie – sagt's ihnen nur frei ins Gesicht hinein, – unverschämte Lügner. Unmenschen, Ungeheuer sind sie, die Tag und Nacht nur darauf sinnen, wie sie euch wider uns in Harnisch bringen, wie sie mit euch und uns, als mit Hunden und wildem Vieh, eine grimmige Tierhatze anstellen könnten, damit sie endlich euch und uns zugleich in ihr gemeinschaftliches Joch spannen, und ihre unumschränkte Herrschermacht über uns behaupten mögen.

Aber sagt ihr ihnen nur dreist, daß ihr nicht einsehet, was es euch nützen könnte, wenn ihr euch ihrem Herrscherstolz zulieb, niedersäbeln oder mit Kugeln und Kartätschen eure Gedärme durchwühlen ließet. Eine solche Sprache wird zwar ihren Stolz in Wut bringen. Aber lasset sie nur getrost wüten! Lasset sie bersten vor Ärgernis, Zorn und Verzweifelung! Dies sind die echten Kennzeichen ihrer Ohnmacht. Anstatt darauf zu achten, gehet ihr ungesäumt hin und versammelt euch! Sie werden zwar eure Versammlung *Empörung* nennen. Aber lasset ihr euer Kind immerhin taufen, auf welcherlei Namen sie wollen. Die Sache selbst bleibt immer, was sie an sich ist, ein gerechter Aufstand von einer ungerechten Unterdrückung, also – eine Gott und allen Engeln und Menschen wohlgefällige Empörung. – Sagt ihnen, daß ihr jene abgeschmackte aus der rohen Barbarei herstammende Unterschiede, die euch bis zum Vieh herabwürdigen, fernerhin nicht mehr dulden könnet, noch wollet. Daß ihr euch selbst untereinander nach natürlichem Recht unterscheiden wollet. Sträuben sich die Despoten dagegen, so lachet dazu und behaltet unterdessen, bis sie sich eines bessern besinnen, das Steuergeld in eurem Beutel! Die Macht, Wunder zu tun, hat den Fürsten, die ihre Majestätsrechte nur vom Himmel zu haben glauben, der Himmel noch nicht gegeben. Wollen sie Krieg führen, so müssen sie Geld dazu haben. Also, – merkets wohl! – Versagt ihnen dies! Versagt ihnen, so lang man euch so gerechte Forderungen versagt, allen und jeden Dienst, alle und jede Hilfe, die etwa ihr unsinniger Stolz zu seinen

Absichten bedürfen mag! – Aber eins, nur eins ist Not – Eintracht. Diese sei in euern Versammlungen eure Schutzgöttin, die Seele eurer Beratschlagungen! Mut, Standhaftigkeit, männliche Stärke, seien eure Gefährten, und Geduld, Vernunft und Klugheit eure Stützen, euer Panzer, Helm und Schild! – So ausgerüstet und angeführt werdet ihr, wo es sein müßte, auch Felsen von Granit zu Pulver mahlen. Sehen werdet ihr und froh erstaunen über den Anblick, wie da bloß auf euern Wink alle Macht und Gewalt und Trotz eurer Tyrannen in Staub hinstürzen wird.

Und ihr, tapfere Krieger, die ihr so viele Jahre her in Strapazen euch abhärten, euch selbst die Notdurft des Lebens entziehen ließet, bloß etlichen schwachen Menschen zu Gunst, die sich selbst eigenmächtig zu Meistern über euch aufgeworfen haben! Ihr, die ihr keine Aussicht zu irgendeiner Belohnung habt! Die ihr etwa nach vierzig Jahren saurer Arbeit und Kummers und Gefahren zu Wasser und zu Land, statt aller Vergeltung und Schadloshaltung für vergossenes Blut, für verstümmelte Glieder, kaum so viel erhaltet, als nötig ist, euer Leben vor der Qual des Hungers zu schützen, ein Leben, das ihr so oft augenscheinlichen Gefahren für Leute aussetztet, welche in Überfluß schwammen, und im Schoße der Wollust taumelten, während, daß ihr für sie alle Härte eures Standes, alle Strenge der Jahrszeiten geduldig ertruget! – Unglückliche und doch höchster Achtung so würdige Männer, gehet! – Durch euch, vornehmlich durch euch kann, muß die gerechte Sache des Volks siegen. –

Gehet, dienet eurer jungen Mitmannschaft zum Vorbilde! Unterrichtet sie, zeigt ihnen in der Ferne das klägliche Schicksal, das in ihrem Beruf ihrer wartet! (. . .)

Lehret sie aus eurer eigenen Erfahrung, daß sie vielleicht nach vierzig Jahren noch unter die Befehle eines hochwohlgeborenen Gelbschnabels, einer hochadeligen Rotznase kommen könnten, der sie gehorchen würden, wie Gänse einem Kinde, die sie vor sich hertreiben! Sagts ihnen vornehmlich, daß die Waffen, die sie tragen, ihnen von Gott- und Rechts wegen zur Verteidigung und nicht zur Verheerung des Vaterlandes dienen sollen! Daß, wenn sie auch niederträchtig und dumm genug wären, um mit diesen

Waffen ihre eigenen Mitbürger zu morden, sie sich selbst den größten Schaden zuziehen würden. Denn, wenn sie auf ihrer Seite eure Brüder, eure Söhne niederschössen, so würde hingegen in irgendeinem andern Winkel des Reiches einer von ihren Kameraden, auch ihre Brüder, ihre Söhne niederschießen, und so würde immer, bis sie beiderseits einander aufgerieben hätten, gleiches mit gleichem vergolten werden. – Führet ihnen ernstlich zu Gemüte, daß sie Soldaten, das heißt Beschützer des Landes, und nicht, nach ihrer Tyrannen Befehlen, Henker und Mörder ihrer Mitbürger sind. Daß das Schicksal des Staates sowohl, als ihr eigenes, in ihrer eigenen Gewalt ist! Daß sie alles vermögen, was sie brauchen, um ihr Vorhaben glücklich zu vollziehen.

Bleibet nur alle immer wohl miteinander einverstanden! Seid mannhaft und unverdrossen im Widerstand und dann, o dann seid eurer Sache gewiß! Heute nehmet ihr sie vor und morgen werden eure Tyrannen nicht mehr sein; und morgen wird die Bahn der Ehren und des Glückes vor euch sich öffnen, wie sie ehemals vor euern Gebietern offen stund; und morgen wird die Sonne der Gerechtigkeit, des Friedens, der Volksglückseligkeit euer Reich verklären und die Strahlen über benachbarte Völker gießen, bis sie endlich alle Völker aufgeklärt, die ganze Erde befruchtet, alle Nationen von dem eisernen Joche stolzer und grausamer Tyrannen befreit und miteinander zu gemeinschaftlicher Beförderung allgemeiner Menschenwohlfahrt wird verbunden haben.

Eulogius Schneiders revolutionäre Agitation in Straßburg und sein Aufstandsappell ans rheinische Volk

Die Spannungen zwischen Frankreich, wo die von den Unterklassen unterstützte selbstbewußte und dynamische Bourgeoisie seit Beginn der Revolution wichtige machtpolitische Schlüsselpositionen erobert hatte, und den von erstarrten Oligarchien beherrschten deutschen Teilstaaten erhöhten sich seit dem mißlungenen Fluchtversuch des französischen Königs im Sommer 1791. Schneider und seine Freunde glaubten die Zeit gekommen, das mittelalterliche »Heilige Römische Reich Deutscher Nation« in einen bürgerlich-parlamentarischen Rechts- und Verfassungsstaat umzuwandeln. Sie gelangten zur Einsicht, daß der Sturz der Willkürherrscher nur durch eine siegreiche Volkserhebung zu bewerkstelligen war. Dazu war ein Kampfbündnis zwischen den gebildeten demokratischen Publizisten und den in feudale Fesseln geschlagenen plebejischen Klassen in Stadt und Land ebenso unerläßlich wie die Unterstützung des revolutionären Frankreich.

Bald nach seiner Ankunft begann sich Schneider in der »Gesellschaft der Konstitutionsfreunde« als Redner zu betätigen, wobei seine Ansprachen mit den Predigten identisch waren, die er im Straßburger Münster hielt. Er warnte seine Hörer vor den Vorbereitungen der deutschen feudalen Machthaber, mittels bewaffneter Intervention in Frankreich die Revolution in Blut zu ersticken:

»Lasset sie kommen, die Heere gedungener Mietlinge, lasset alle Mächte der Erde und der Hölle wider uns ausziehen: Gott und die Wahrheit streiten für uns, wie sollten wir vor den Drohungen der Menschen zittern? Durch Standhaftigkeit und Unerschrockenheit siegten die Schüler Jesu über die Feinde des Evangeliums; durch Standhaftigkeit und Unerschrockenheit wollen auch wir über die Feinde des Vaterlandes siegen. Sind wir nicht freie Männer, Bürger des ersten Staates Europas, und wir sollten vor den Heeren fremder Despoten zurückweichen? Sind wir nicht Franken, und wir sollten den Tod für das Vaterland scheuen? Freiheit oder Tod! Dies sei unser Schwur, unser Losungswort. Wir haben angefangen, uns einen Freiheitstempel zu bauen, wir werden ihn vollenden, oder unter seinen Ruinen begraben werden.«

Mit größtem Enthusiasmus begrüßte Schneider die Kriegserklärung Frankreichs an Österreich am 20. April 1792. Sein von patriotischem und weltbürgerlichem Pathos durchdrungenes Gedicht »Der Franke an den biederen Deutschen« zeigt, daß er sich bereits gänzlich als Franzose fühlte, die er – dem damaligen jakobinischen Sprachgebrauch gemäß – »Franken« nannte, um die Blutsverwandtschaft zwischen den beiden Nachbarvölkern zu unterstreichen. Dieses Musterbeispiel deutscher Jakobinerlyrik betonte, daß die von den Privilegierten geknechteten Völker die natürlichen Bundesgenossen der Franzosen seien, weil Frankreich nicht nur für die eigene, sondern für die Befreiung der ganzen Menschheit kämpfe:

Lange sprachen fremde Mächte
Unserm Vaterlande Hohn.
Drum erwacht der Franke zum Gefechte;
Denn es gilt die Freiheit und die Rechte
Einer großen Nation!

Ha! Es gilt auch eure Rechte,
Ha! Es gilt der Menschheit Glück.
Unterliegt der Franke im Gefechte,
O, So beugt die Kniee, werdet Knechte,
Völker, kehrt zum Joch zurück!

Nein, wir werden nicht erliegen;
Nein, wir sind und bleiben frei!
Keiner wird ins alte Joch sich schmiegen.
Hört es, Völker! Sterben oder siegen
Ist der Franken Kriegsgeschrei.

Fluch und Tod dem Erdensohne,
Der sich uns entgegenstemmt!
Stürzen soll der Fürst von seinem Throne,
Und zertreten werde dessen Krone,
Der das Glück der Menschheit hemmt.

Hör es, Kaiser der Germanen!
Uns erschrecket kein Despot.

Deine Schmeichler, Priester und Ulanen
Mögens lesen, was auf unsern Fahnen
Wehet: Freiheit oder Tod!

Reicht als Brüder uns die Hände,
Rächt mit uns der Menschheit Ehr!,
Sprecht: Es komme der Tyrannen Ende,
Und das schönste Bild der Gottheit schände
Keine Sklavenkette mehr.

Als zu Kriegsbeginn die von royalistischen Offizieren befehligten und schlecht ausgerüsteten französischen Armeen einige Schlappen erlitten, wurde Schneiders Vermutung zur Gewißheit, der Hof wolle die Niederlage Frankreichs herbeiführen, um den Absolutismus wiederzuerrichten. Nunmehr rang er sich endgültig zu republikanischen Auffassungen durch. Die Erhitzung der politischen Leidenschaften in Straßburg stieg auf den Siedepunkt, als Straßburgs Bürgermeister Friedrich Dietrich Ende Juni den Jakobinerklub schließen ließ und der Stadtrat eine Bitte an die Pariser Gesetzgebende Versammlung richtete, die »anarchischen und konspirierenden Jakobinerkorporationen« im ganzen Land zu verbieten. Der Bürgermeister hatte jedoch den politischen Kraftzuwachs der Radikalen unterschätzt und mußte vier Tage nach dem Verbot die Jakobinersitzungen wieder gestatten. Schneider beschloß daraufhin, eine ständige publizistische Plattform zu errichten, um die Wirkung seiner Agitation zu intensivieren. Am 3. Juli 1792 gründete er die Zeitschrift »Argos oder der Mann mit

Argos,

oder

der Mann mit hundert Augen.

Nro. XXXVI.

Strasburg den 2ten November 1792.

den hundert Augen«, die zweimal, später dreimal in der Woche erschien und die es sich zur Aufgabe machte, »auf alle Bewegungen des Hofes, auf alle Schritte der Volksbeamten, auf alle Veränderungen des politischen Zustandes Frankreichs genau Acht« zu geben. Das Journal wurde bald zu einer der wichtigsten Tribünen des deutschsprachigen Jakobinismus. Schneider, der die meisten Artikel allein schrieb, forderte, daß die »Axt an die Wurzel gelegt« und das Königtum beseitigt werden müsse; das Ziel der Revolution sei erst erreicht, wenn die wirtschaftlich Schwachen keine soziale Benachteiligung mehr zu erdulden hätten.

Der Beginn der Invasion preußischer Truppen in Frankreich führte zum Sturz der Monarchie. Die Pariser Jakobiner und Sansculotten versetzten am 10. August in blutigen Straßenkämpfen der Feudalität den Todesstoß.

Die Proklamierung der Französischen Republik und der Sieg der Revolutionsarmeen bei Valmy lösten einen Begeisterungssturm bei Schneider aus. Er rief die Konventsfraktionen zur Einheit auf und feierte die Franzosen in einigen Gedichten hymnisch als Menschheitsbefreier. Am 30. Oktober 1792 erschien seine Nachdichtung der Marseillaise als Flugblatt unter dem Namen »Kriegsgesang für die Soldaten der Freiheit«.

Als die französischen Truppen ins Rheinland vorstießen, rief der entkuttete Freiheitsprediger in seiner Zeitschrift »Argos« am 2. November 1792 das deutsche Volk zur Revolution auf:

An die Freunde der Freiheit zu Speyer, Mainz und Worms.

Deutsche Männer!

So hat sie endlich geschlagen, die Sterbestunde des Despotismus! So ist sie endlich euch aufgegangen, die Morgenröte der Freiheit! Ach, daß ich euch sagen könnte, was mein Herz dabei empfindet, daß ich zu euch fliegen, eure Arbeiten, eure Gefahren und Kämpfe mit euch teilen könnte! So lange schmachteten die Wesen unter euch dem Tage entgegen, der die Ketten der geistlichen und politischen Knechtschaft auf immer zerbrechen werde. Nun ist er gekommen, der sehnlich erwünschte Tag, benutzt ihn, und ihr seid auf immer frei.

Aber wie werdet ihr es anfangen müssen, um das große Werk zu vollenden, zu welchem euch die Vorsehung durch Custines Hand berufen hat? Ihr habt Staatsmänner und Philosophen in eurer Mitte: Es fehlt euch nicht an tätigen und einsichtsvollen Arbeitern, aber *Schneider,* euer alter Landsmann, dessen Schicksale und Leiden euch ehedem interessierten, und der nun in Frankreich auch kein müßiger Zuschauer war, wird denn doch auch eine Stimme in eurem Rat haben. Eure Sache ist die meinige: vielleicht kann ich euch durch Mitteilung meiner Gedanken nützlich werden.

Brüder! Ihr wißt, daß die fränkische Nation auf alle Eroberung Verzicht getan hat. Sie ist groß und mächtig genug, sie bedarf keiner Ausdehnung und keines fremden Zuwachses. Wenn Custines Heer siegreich in eure Tore einzog, so geschah es nicht, euch eine neue Konstitution aufzudringen oder eure Städte und Dörfer dem Zepter der fränkischen Republik zu unterwerfen. Es geschah, eure Fürsten zu züchtigen und euch zur Schutzwehr wider diejenigen zu dienen, die euch hindern wollten, euch eine Verfassung nach eurem Wunsch zu geben. Ihr habt die Wahl, eure alte Regierungsform ganz oder zum Teil beizubehalten oder euch freiwillig mit der Republik der Franken zu vereinigen. Welches von diesen dreien wäre das beste? Seht hier die erste Frage, welche ihr beantworten müßt, um planmäßig zu Werk zu gehen.

Wollt ihr eure alte Verfassung ganz beibehalten? Ich glaube nicht, daß es nötig sein wird, lange bei dieser Frage stehen zu bleiben. Mich dünkt, ich höre ein allgemeines *Nein* aus eurem Mund erschallen. Wäret ihr mit der bisherigen Einrichtung zufrieden gewesen, so würdet ihr nicht nach Erlösung geseufzt haben. Ihr ward zu Mainz Sklaven eines Pfaffen, zu Speyer und Worms Knechte eurer Ratsherren und ihrer Konsulenten. Nirgends waren die Rechte des Volkes anerkannt und gesichert. Die wenigen Wahlen, die man euch ließ, waren nicht frei. Allenthalben herrschten Pfaffen und Edelleute. Diese sogen das Mark der Erde aus und überließen dem Bürger die Arbeit. Zehnte, Fronen und Auflagen aller Art drückten euch zu Boden. Die Justizpflege war im höchsten Grade willkürlich und langsam. Wenn ihr euer Vermögen bei den niederen Gerichtsstellen verprozessiert hattet, so konntet ihr euch nach Wetzlar wenden, wo denn gewöhnlich ein halbes Jahrhundert darüber ging, bis ein Spruch gegeben wurde. Die Freiheit zu sprechen und zu schreiben war bei euch Verbrechen, besonders in den letzten Zeiten. Euer Los war Bezahlen, das Los eurer Tyrannen war: *Verzehren.* Die besten Dienste wurden adligen Buben gegeben oder ums Geld verkauft. Euer Zusammenhang mit dem deutschen Reichskörper war so viel wie nichts. Entweder beherrschte euch ein mächtiger Reichsfürst, und dann fandet ihr keine Hilfe wider seine Bedrückungen. Oder ihr machtet für euch eine Reichsstadt aus, und dann ward ihr zu schwach, euren mächtigeren Nachbarn Widerstand zu leisten. Mit einem Wort: Eure Verfassung glich einem morschen gotischen Gebäude, das so, wie es war, nicht länger bestehen konnte.

Jetzt fragt sich: Wollt ihr es ausbessern oder ganz niederreißen? – Ihr habt die Revolution Frankreichs in der Nähe gesehen, und ihr müßt daraus gelernt haben, daß eine halbe Revolution so gut wie keine Revolution ist. Die Franken ließen in ihrer Konstitution noch das erbliche Königtum, und dieses war ein tödliches Gift, welches die ganze Maschine unfehlbar würde aufgerieben haben, wenn nicht der zehnte August durch eine gewaltsame Operation dem Unwesen ein Ende gemacht hätte. Der menschliche Geist strebt seiner Natur nach immer nach höherer Vollkommenheit fort, so wie jeder Herrscher ebenfalls seiner Natur nach immer nach Ausdehnung seiner Macht fortstrebt. Daher eine beständige Kollision, ein stiller Kampf, an dessen Ende entweder die Freiheit oder der Despotismus erliegen und folglich eine neue Revolution erfolgen muß.

Was man *ganz* tun kann, sollte man nie *halb* tun. Die Franken konnten beim Anfang ihrer Revolution nicht wirken, wie sie wollten; das Volk war noch nicht genug vorbereitet, man mußte also die königliche Gewalt stehen lassen, bis die Kinder der Freiheit groß und stark genug waren, den Götzen zu zertrümmern. – Eure Lage ist in dieser Hinsicht glücklicher. Eine große Nation, deren Feinde so gut wie vernichtet sind, steht an eurer Seite und schützt eure Arbeit. Ihr könnt unter den Batterien Custines ruhig und sicher beratschlagen. Der Rhein dient euch zur Brustwehr gegen eure Nachbarn, wenn es diesen gelüsten sollte, sich in eure Angelegenheiten zu mischen.

Wenn ihr euch jetzt nicht mit den Franken vereinigt, so werdet ihr es in kurzer Zeit vielleicht vergeblich bereuen. Ihr habt, nach meiner Einsicht, keine andere Wahl, als entweder zu bleiben, wie ihr ward, oder Franken zu werden. Tut ihr das letzte nicht, so wird euer Gewerbe, zu welchem euch der Rhein so schöne Gelegenheit darbietet, auf beiden Seiten gehemmt werden. Ihr werdet zwischen dem deutschen Reich und dem fränkischen in der Mitte liegen, getrennt vom ersten, und zu schwach verbunden mit dem letzten. Eure Verfassung wird keine politische Konsistenz haben. Ergreift ihr aber den Rat, den ich euch gebe, euch für Frankreich zu erklären und ein Teil unserer Familie zu werden, so verschwinden alle obigen Schwierigkeiten. Eure Operationen gehen alsdann geschwinder. Der Plan ist schon fertig, es fehlt nur an der Ausführung. Die Adligen und Pfaffen, die euch im entgegengesetzten Fall genug zu schaffen geben würden, müßten beim ersten Ausruf, daß ihr Franken sein wollt, verschwinden oder zu Kreuze kriechen.

Deutsche Brüder, prüft meinen Vorschlag, und wenn ihr ihn begründet findet, so zögert nicht lange, ihn auszuführen. Sendet Apostel auf die Dörfer und Flecken, predigt laut das Evangelium der Freiheit. Bringt ihr es nur einmal dahin, daß aus den meisten Städten und Ortschaften Deputierte zusammentreten, um über die neue Ordnung der Dinge zu beratschlagen, so ist die Sache so gut wie beendigt. Auf den Beistand der Franken könnt ihr sicher zählen. Die größte Schwierigkeit ist nur die große Verschiedenheit der Herrschaften, unter denen bisher die Ortschaften standen. Ihr müßt den Einwohnern begreiflich machen, daß sie nur durch Vereinigung mit ihren Nachbarn etwas Großes leisten können, daß jedes Volk das unverjährliche Recht habe, sich selbst eine Regierungsform zu schaffen, daß ihre bisherigen Herrschaften kein wahres, sondern nur angemaßtes Recht über sie ausübten usw. Sobald ich höre, daß die Deutschen diesseits des Rheins eine Nationalzusammenkunft zu Mainz oder zu Worms halten, so bald werde ich euch als Franken ansehen. Bringt ihr aber diese nicht zustande, so weiß ich nicht, was aus euch werden wird. Ohne Plan und Einheit in den Operationen ist nichts auszurichten.

Einige von Schneiders Kampfgenossen, darunter Dorsch, Clauer und Cotta, verlegten nun ihr Tätigkeitsgebiet nach Mainz, das zum Zentrum der deutschen Jakobinerpropaganda wurde und wo der neugegründete Jakobinerklub eine Reihe prominenter Aufklärer umfaßte. Bei einer der Sitzungen Anfang November erschien Schneider auf der Rednertribüne des Mainzer Klubs und rief seine Hörer zur Errichtung einer deutschen Republik und zur Beseitigung der Privilegienordnung auf:

»Das Monarchentum ist eine Institution, die sich überlebt hat, ein Leichnam, der sich in den letzten Zuckungen des Todeskampfes windet. Das deutsche Volk, welches das Gefühl seiner Würde und seiner Stärke täglich mehr erlangt, wird seine lang verkannten Rechte erobern. Wenn die Monarchen das Zepter nicht gutwillig niederlegen, so muß man ihnen dasselbe gewaltsam aus den Händen reißen; und mit den Monarchen muß auch der Adel und die Geistlichkeit verschwinden! Auf den Ruinen des alten muß sich ein neues gesellschaftliches Gebäude erheben, und an euch, meine Brüder, ist es, diese Umgestaltung herbeizuführen.«

Die Belagerung von Mainz 1793

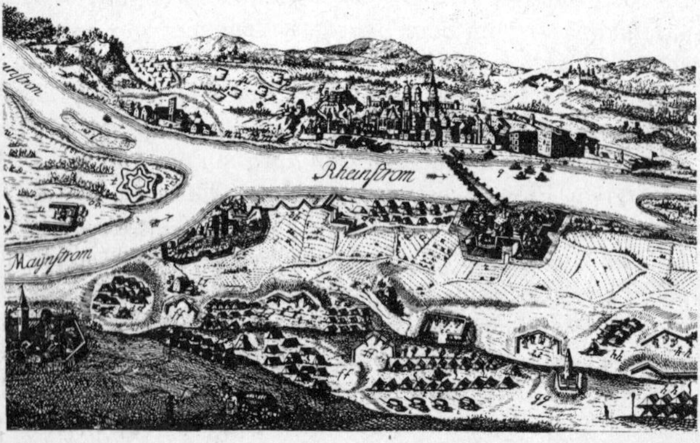

Die Revolutionspropaganda des Mainzer Jakobinerklubs

Mainz, das Tätigkeitszentrum der deutschen Jakobiner, zählte zur Zeit der französischen Eroberung im Oktober 1792 etwa 22 000 Einwohner. Die Eroberung von Mainz ermöglichte es, ein kosmopolitisches und jakobinisches Forum zu errichten, das im Einklang mit der französischen Politik stand. Zu den Gründern des Mainzer Klubs gehörten Daniel Stamm, der früher Schriftführer des Straßburger Jakobinerklubs gewesen war und der als Adjutant Custines fungierte, und Georg Wilhelm Böhmer, ein früherer Professor und Konrektor am Wormser lutheranischen Gymnasium, der seit Anfang Oktober Custines Sekretär war. Der Mainzer Klub, der zwei Tage nach der Eroberung als eine Art Aufsichtsorgan zum Schutz der neuerrungenen Freiheit im kurfürstlichen Schloß von 20 Teilnehmern gestiftet wurde, erhielt den Namen »Gesellschaft deutscher Freunde der Freiheit und Gleichheit«. Der Zweck des Klubs sollte es sein, »durch tägliche öffentliche Sitzungen die Freiheit und Gleichheit der Mainzer und . . . auch die des übrigen Teils der großen deutschen Nation« vorzubereiten; der Eintritt stand jedem Deutschen frei, »dem das Glück seines Vaterlandes und der an Sklavenketten seufzenden Menschheit ein heiliger Name« bedeute.

Im Verlauf der nächsten Wochen traten dem Klub 492 Personen bei, von denen die meisten aus Mainz, einzelne auch aus den Kleinstädten und Dörfern der Umgebung sowie aus Straßburg stammten; auch zahlreiche Franzosen wurden Mitglieder. Die Listen enthalten die Namen von 14 Geistlichen, 35 Juristen, 81 Angehörigen freier Berufe (Professoren, Lehrer, Ärzte, Künstler, Schriftsteller), 11 Kaufleuten, 62 Krämern und Wirten, 170 Handwerkern, 23

Übergabeverhandlungen vor dem Einmarsch der französischen Armee in Mainz am 22. Oktober 1792

Bediensteten, 26 Franzosen und zwei Bauern; bei 51 Mitgliedern ist der Beruf nicht eruierbar.

Beim Eintritt in den Klub hatte jedes Mitglied einen feierlichen Eid zu schwören, der dem Gesetz über die Einberufung des französischen Konvents vom 11. August 1792 entnommen war. Er lautete: »Frei leben oder sterben! Ich schwöre, den Gesetzen des freien Volkes gehorsam zu sein und alle diejenigen anzugeben, welche dagegen handeln werden.«

Zu den führenden Mitgliedern des Klubs gehörten außer Böhmer eine Reihe Aufklärer, die an der Mainzer Universität oder am früheren erzbischöflichen Hof Positionen innehatten. Zu ihnen zählten die Professoren der Theologie Anton Dorsch und Felix Blau, der Staatsrechtler Andreas Hofmann, der Mathematiker Matthias Metternich, der Professor der Medizin und frühere Leibarzt des Kurfürsten, Georg Wedekind. Der berühmte Weltreisende, Naturforscher und Schriftsteller Georg Forster, der seit 1788 am Mainzer Hof Bibliothekar war, schloß sich im November 1792 dem Klub an und erlangte dort bald eine führende Stellung. Diese Parteigänger des bürgerlichen Fortschritts sahen in der Mitgliedschaft des Klubs ein Attest der Bürgertugend. Von der Vision einer brüderlichen Föderation der Völker durchdrungen, waren sie davon überzeugt, daß die Absichten der Franzosen mit der politischen und sozialen Befreiung Deutschlands identisch seien. Sie sahen es daher als ihre Aufgabe an, die Grundsätze der Volkssouveränität, der Abschüttelung der kirchlichen und adligen Privilegien, der staatsbürgerlichen Freiheit und Gleichheit und des nationalen Selbstbestimmungsrechts allgemein bekanntzumachen und in gesellschaftliche Praxis zu übertragen. Forster betonte, daß er dem Klub beigetreten sei, da »Unparteilichkeit in dem jetzigen Zeitpunkte und unter den jetzigen, Entscheidung erheischenden Umständen weder existiert, noch möglich, noch selbst erlaubt« sei.

Die »Ordnung der Gesellschaft der Freunde der Freiheit und Gleichheit« in Mainz war nach den Statuten des Straßburger »Club des amis de la liberté et de l'égalité« modelliert und wurde am 6. November von Dorsch dem Klub unterbreitet. Die von optimistischem Glauben an die

Kraft der Vernunft getragene Präambel der Statuten bemühte sich, das Bestehen des Klubs mit den Lehren Rousseaus in Einklang zu bringen, der Faktionen als mit der Herrschaft des allgemeinen Willens unvereinbar abgelehnt hatte. Daher wurde ausdrücklich erklärt, »jeden Korporationsgeist aus ihrer Mitte zu verbannen, um das Ansehen eines Staates im Staate zu vermeiden«. Die Unentbehrlichkeit ihrer Existenz führte die Gesellschaft auf »die besonderen Verhältnisse« zurück, die »in einem jeden, soeben erst aus der Knechtschaft wiedergeborenen Staate bestehen, wo noch Parteizwist, Herrschbegierde, Eigennutz und Lüste aller Art die Gemüter entfernen, entzweien und von ihrem heiligen Ziel des allgemeinen Wohls ablenken«. Das Bestehen des Klubs sei daher notwendig, »so lange nicht das ewige Reich der Vernunft, das wahre Reich der Freiheit über das ganze Erdenrund ausgebreitet und ohne Widerspruch anerkannt worden ist«; überflüssig werde die Gesellschaft erst dann sein, »wenn alle Menschen zur Erkenntnis und zum Gefühl ihrer menschlichen Würde gelangt sein werden« und es keine Tyrannen mehr gebe, »welche sich der Menschen als Werkzeuge gegen die Menschheit selbst bedienen«.

Das Statut bestimmte die Wahl von vier Ausschüssen: des Unterrichts-, Korrespondenz-, Wachsamkeits- und Ökonomieausschusses. Diese Ausschüsse, die gesondert tagten, hatten monatlich Bericht über ihre Tätigkeit zu erstatten. Der Schatzmeister hatte als Vorsitzender des Ökonomieausschusses die namentlich ausgestellten Mitgliedskarten zu unterzeichnen und für die Verwendung der Mitgliedsbeiträge die Sorge zu tragen, für deren ordnungsgemäßen Eingang ein Kassierer verantwortlich war. Während alle Ämter der Gesellschaft ehrenhalber verrichtet wurden, war der Kassierer mit festem Monatsgehalt angestellt. Die eingehenden Gelder wurden für laufende Ausgaben wie Saalmiete, Druck der wichtigsten Reden und Portokosten verwendet.

Der Wachsamkeitsausschuß, der nach dem Muster der französischen »Comités de surveillance« eingerichtet wurde, hatte die Aufgabe, den Aktivitäten der Gegner der Neuordnung nachzugehen und sie gegebenenfalls den Behörden anzuzeigen. – Der Vorschlag Metternichs, durch Aufnahme verläßlicher Republikaner als geheime Klubmitglieder ein Spionensystem zu bilden, wurde von der Mehrheit der Klubisten verworfen.

Dem Unterrichtsausschuß wurde zur Pflicht gemacht, zweimal wöchentlich öffentliche Sitzungen für das Volk zu veranstalten, auf die Beschlüsse des französischen Konvents aufmerksam zu machen, die Gesetze der Republik und die Vorschriften der Administration zu erläutern und Belehrungen über Staatsverfassung, Gesetzgebung und Rechtsprechung zu erteilen.

Besonderes Augenmerk wandte der Klub der Tätigkeit des Korrespondenzausschusses zu, der die Aufgabe hatte, die gedruckten Reden der Klubmitglieder sowohl an die Schwestergesellschaften im Rheinland und in Frankreich zu versenden als auch im Deutschen Reich zu verbreiten. Die Jakobiner begnügten sich nicht, in den französisch besetzten Gebieten propagandistisch zu wirken, sondern versuchten, die öffentliche Meinung Deutschlands zu beeinflussen und mit den »Grundsätzen der Neufranken« bekanntzumachen. Bei einer der Debatten wurde hervorgehoben, daß »die Korrespondenz die Hauptsache der Gesellschaft« sei, und daß der Klub durch seine »Tätigkeit die Achtung und den Patriotismus für das ganze Land« bewirke.

Die Mainzer Klubisten, die es als notwendig erachteten, der Bevölkerung die Nachteile der alten Regierungsform vor Augen zu führen, maßen der Aufklärungsarbeit der Presse eine wichtige Erziehungsaufgabe zu. Es erschien ihnen als Pflicht, als Sprecher des demokratischen Volksbewußtseins zu dienen und die vorwärtsweisenden Gedanken der Revolution den deutschen Verhältnissen anzupassen. Die Zeitungen sollten außer den politischen Nachrichten eine bürgerliche, individualistische Freiheitsvorstellung und einen kritischen Gleichheitsbegriff vermitteln.

Während der Klubistenzeit stieg die Zahl der periodischen Presseorgane in Mainz von zwei auf sieben an. Diese Sprachrohre des revolutionären Bürgertums berichteten regelmäßig vom Fortgang der Revolution in Frankreich, kommentierten die Dekrete des Pariser Konvents und versuchten, die nationalen und sozialen Trennwände zu durchbrechen, die der Partikularismus der deutschen Kleinstaaten aufgerichtet hatte. Allerdings war in den geistlichen Fürstentümern des Rheinlandes, in denen der Unterricht noch fast völlig in Händen des Klerus lag, der Bildungsstand der Massen niedrig, und trotz weitverbreiteter Unzufriedenheit mit den früheren Verhältnissen, die sich seit 1789 in sporadischen Tumulten ausdrückte, stand ein großer Teil der Mainzer Bevölkerung im Banne der Vergangenheit und verhielt sich den neuen Prinzipien gegenüber ablehnend. Das traf besonders für die Zünfte der Kaufleute und Handwerker zu, die um ihre Privilegien bangten und zäh am Überkommenen festhielten. Da der Blick der Korporationen und Gilden auf Beibehaltung der traditionellen Rechte und Gebräuche gerichtet war, widerstrebten sie den neuen Ideen, die auf den freien, individuellen Wettbewerb und auf gesellschaftliche Atomisierung hinzielten. Da die Flucht und Ausweisung der Adligen und ihres Anhangs zu Arbeitslosigkeit in jenen Gewerben führte, die in ihren Aufträgen von den privilegierten Ständen abhängig waren, fand die konterrevolutionäre Propaganda bei diesen Kreisen Gehör.

Die Mainzer jakobinische Publizistik läßt sich in drei Gruppen einteilen:

Nachrichtenorgane, in denen, den damaligen Gepflogenheiten zufolge, keine politischen Leitartikel erschienen, sondern Informationsmaterial und Kommentar miteinander verschmolzen waren;

periodische, meist wöchentlich erscheinende Presseorgane, die die ideologische Aufnahmefähigkeit und politische Aktionsbereitschaft der Bevölkerung steigern sollten;

Flugschriften und Broschüren, die die oft von hohem revolutionären Pathos erfüllten Reden und Vorlesungen der Klubmitglieder zum Inhalt hatten und vorwiegend aufklärerischen, politisch-staatsrechtlichen Charakter trugen.

Zur ersten Gruppe gehörte das offizielle Regierungsorgan »Mainzer National-Zeitung«, das seit der Eroberung der Stadt von Böhmer redigiert wurde. Die Nachrichten aus Paris suchten den Eindruck einer völligen Übereinstimmung unter den französischen Revolutionären zu erwecken und verwischten die tiefgehenden Meinungsverschiedenheiten zwischen der großbürgerlich-gemäßigten Gironde und der kleinbürgerlich-radikalen Montagne. Mitteilungen aus Belgien und Savoyen sollten beweisen, daß die Revolutionstruppen überall als Befreier mit Begeisterung aufgenommen wurden. Ausführliche Berichte aus Preußen, Österreich, Hannover, Schweden und anderen absolutistischen Staaten betonten, daß eine Revolution in diesen Staaten unmittelbar bevorstehe. Böhmer scheute dabei vor Übertreibungen nicht zurück.

Forster, der ab 1. Januar als Präsident des Klubs fungierte, begann von diesem Datum an »Die neue Mainzer Zeitung oder Der Volksfreund« herauszugeben. Dieses Blatt, von dem bis zum 29. März 38 Nummern erschienen, legte das Hauptgewicht auf die Berichte aus Frankreich und den linksrheinischen Gebieten und versuchte, sich aller Schönfärberei zu enthalten. Von revolutionären Unruhen in Deutschland, wie sie Böhmers Blatt ständig hervorhob, berichtete Forster nichts, brachte jedoch Nachrichten von den Schwierigkeiten, mit denen sich die Jakobiner bei der Durchsetzung der republikanischen Grundsätze im Rheinland konfrontiert sahen. »Der Volksfreund« trat energisch für die Vereinigung der Rheinlande mit Frankreich ein und betonte, daß es »die Sicherheit der Republik« erfordere, »den Rhein zur Grenze mit den Ländern der Despoten und Untertanen« zu erhalten. Forster war – im Gegensatz zu den meisten anderen Klubisten – zur Ansicht gelangt, daß das deutsche Volk zu einer Revolution nicht reif sei. Überzeugt, daß die von der partikularistischen Zersplitterung hervorgerufene enge und provinzielle Mentalität der Bevölkerung keine selbständige und allgemeine Erhebung in den deutschen Teilstaaten ermögliche, hielt Forster an der Konzeption der deutschen Aufklärung fest, daß die geistige Befreiung der politischen, die Erziehung der Revolution vorauszugehen habe. Obwohl er ins revolutionäre Lager übergegangen war, schüttelte er Reste seines liberalen Denkens während seiner Mainzer Tätigkeit nicht ab.

Zur Gruppe der theoretischen Organe, die auf Nachrichtenmaterial fast ganz verzichteten, gehörten vier von den Jakobinern begründete und redigierte Journale, deren Titel bereits ihr politisches Programm ausdrückten.

Das zweimal wöchentlich erscheinende und von Metternich redigierte Blatt »Der Bürgerfreund« machte sich die Propagierung der republikanischen Grundsätze unter der Landbevölkerung zur Aufgabe. Der größte Teil der ersten 28 Nummern des Journals war der Erläuterung der Deklaration der Menschenrechte von 1789 gewidmet. Metternich, der selbst dem Bauernstand entstammte, bemühte sich, die hohen staatspolitischen Postulate den einfachen Menschen begreiflich zu machen, indem er sich in Stil und Diktion der Vorstellungswelt des Volkes anpaßte und die illustrierenden Beispiele aus dem tagtäglichen Leben der Bauern nahm. Er erläuterte die Ideen der Volkssouveränität, der Freiheit und Gleichheit in der althergebrachten und den katholischen Bauern vertrauten Form des katechetischen Dialoges, um sie zu kritisch denkenden, gesellschaftlich und politisch mündigen Staatsbürgern zu erziehen. Er erklärte, daß die politische Freiheit der Regierten darin bestehe, die Regierer selbst zu wählen: »Nur Obrigkeiten, die man selbst dazu gemacht hat, dürfen uns befehlen, und auch nur im Rahmen der Gesetze, die vom Volke gemacht wurden.« Er ließ auch einen besonderen »Unterricht für den Landmann« drucken und regte an, die Landpfarrer und Dorfschullehrer durch eine besondere Proklamation zu gewinnen. Obwohl Metternich anfangs gewisse Erfolge zu verzeichnen hatte und die Bauern seine Zeitungen und Flugschriften eifrig kauften, war der republikanischen Propaganda auf dem Lande schließlich nur ungenügender Erfolg beschieden, da die oft willkürlichen Requisitionen der französischen Truppen die Bauern gegen sie aufbrachten und Custine die alten Auflagen und Steuern nicht aufhob, sondern für die französische Staatskasse weiterhin eintrieb. Die Mehrzahl der Bewohner des Mainzer Gebiets sah nicht die Unterschiede zwischen der republikanischen Okkupation als einer Abwehr der Eingriffe der äußeren Feinde der Revolution und den früheren Raubkriegen französischer Könige. »Der Landmann«, heißt es in einem Schreiben des Mainzer Klubs an den Pariser Jakobinerklub vom 12. Dezember 1792, »gewöhnt durch landesherrliche Vorspiegelungen immer nur getäuscht und schwerer belastet zu werden, hält jede Verheißung für eine Lockspeise und eine Falle, womit man ihn hintergehen will, zumal, wenn man, wie im gegenwärtigen Falle, seine Abgaben nicht in der Tat erleichtern kann, sondern die Gegenwart des fränkischen Heeres ihm unvermeidliche neue Lasten auflegt.«

Das von Wedekind redigierte Blatt »Der Patriot« wandte sich an gebildete Schichten. Es war eine Art Gesellschaftsjournal des Klubs und enthielt den Wortlaut mehrerer im Klub gehaltener Reden, auch einige Abhandlungen über den Patriotismus, worunter Wedekind die bürgerliche, »die Glückseligkeit befördernde Staatseinrichtung« verstand. Der jakobinische Patriotismus, der die Sache des souveränen Volkes gegen das Gottesgnadentum der Herrscher und die aristokratischen Vorrechte vertrat, kannte keine Überheblichkeit gegenüber anderen Völkern, sondern postulierte vielmehr eine Brüderschaft gleichberechtigter Nationen. Da Wedekind erkannte, daß eine stabile Basis für eine nationale Entwicklung nur durch die Vernichtung der alten Reichsverfassung zu gewinnen war, identifizierte er als revolutionärer Demokrat den Begriff des Patriotismus mit der Rebellion gegen die Adels- und Fürstenherrschaft, die den sozialen Fortschritt hemmte und die nationale Zersplitterung Deutschlands verewigen wollte. In kosmopolitischer Begeisterung forderte Wedekind seine Mitbürger auf, alles zu unternehmen, »um womöglich aus allen Völkern der Erde ein einziges Volk zu schaffen, ein Volk, dessen Glieder keinen anderen Unterschied als den der Verdienste anerkennen.« Das Ziel der jakobinischen Bestrebungen sei es, eine freie republikanische Verfassung einzuführen, »eine Verfassung, die uns echten Patriotismus, das heißt, das stolze Bewußtsein einer auf den Rechten des Menschen und des Bürgers gegründeten Konstitution schenken wird«. Getragen vom Bewußtsein, den geschichtlichen Fortgang, die Entwicklung der Menschheit zu fördern und dabei die Gutwilligen und Verständigen auf seiner Seite zu haben, dokumentierten Wedekinds Aufsätze nicht nur seine Emanzipation von veralteten Meinungen und von der Gewalt der Herrschenden, sondern erkannten auch keine Unterschiede zwischen den Interessen des französischen und des deutschen Volkes an. Er hob die von weltbürgerlichem Geist getragene Verleihung der französischen Staatsbürgerschaft an ausländische Gelehrte und Freiheitskämpfer hervor: »Wir leben in einer Periode, wo wir uns doppelt schämen müssen, anders zu denken als die große französische Nation, die ... nicht nur fremden Gelehrten das Bürgerrecht schenkt, sondern sie sogar zu Gesetzgebern beruft.« – Forster und Blau arbeiteten an Wedekinds Zeitschrift mit; der junge jakobinische Dichter Friedrich Lehne steuerte einige Revolutionsgedichte bei.

Die Mainzer Pressekampagne wurde am 25. Oktober 1792 durch einen öffentlich angeschlagenen »Aufruf an die gedrückte Menschheit in Deutschland« von General Custine eröffnet, in dem dieser dem deutschen Volk Verbrüderung und Freiheit versprach und es aufforderte, sich gegen seine Despoten zu erheben. Im Einklang mit den Beschlüssen des Pariser Konvents ließ der Girondist Custine die alte Administration der kurfürstlichen Statthalterschaft vorläufig weiterbestehen. Er betonte, daß er die alten Auflagen weiter handhaben würde, bis der freie Wille des Volkes über das weitere Schicksal der eroberten Gebiete entscheiden werde. Der von Böhmer verfaßte Aufruf Custines war in prahlerischer Sprache gehalten und nicht geeignet, die politisch schwankenden Elemente für die Sache der Franzosen zu gewinnen. So hieß es:

»Selbst dann, wenn ihr die Sklaverei den Wohltaten vorziehen würdet, mit welchen die Freiheit euch winkt, bleibt es euch überlassen, zu bestimmen, welcher Despot euch eure Fesseln zurückgeben soll.«

Der Aufruf wurde in Deutschland bald bekannt und von der Hamburger und Altonaer Presse im Wortlaut wiedergegeben.

Eine Reihe von Reden, die Wedekind von Ende Oktober bis Mitte November im Klub hielt und deren Text als Flugschriften versendet wurde, zeigt, mit welchen Argumenten die Jakobiner die Bevölkerung auf ihre Seite zu ziehen hofften. Die Reden wurden auszugsweise in der Hamburger Presse abgedruckt.

Wedekind forderte, die französische Staatsumwälzung nachzuahmen und von den Erfahrungen der »Neufranken« zu lernen. Besonderes Gewicht legte er dabei auf die

Tatsache, daß die Vernichtung des Feudalsystems in Frankreich der aktiven Teilnahme des Volkes zu verdanken war. Er betonte, daß die Beseitigung der politischen und sozialen Vorrechte in Frankreich ein neues Gefühl von Vaterlandsliebe zur Folge gehabt hätte und setzte die Einheit der französischen Nation der schillernden Vielfalt der Privilegienordnung und der Willkürherrschaft der deutschen Teilfürsten gegenüber. Als Sohn des Aufklärungszeitalters war Wedekind davon überzeugt, daß die soziale Unterdrückung dem Aberglauben und der Unwissenheit entspringe. Daraus folgerte er, daß die Erläuterung und Bewußtmachung der natürlichen und staatsbürgerlichen Rechte sein Publikum veranlassen würde, eine auf den Prinzipien der Moral und Vernunft beruhende Ordnung zu errichten. Da er wußte, daß die Zunftbürger den Jakobinern mit großer Reserve gegenüberstanden, bemühte er sich um Erweiterung der gesellschaftlichen Basis der revolutionären Kräfte, indem er um die Gunst der besitzlosen Unterschichten warb. Damit hoffte er, ein ähnliches Bündnis zwischen bürgerlicher Intelligenz und städtischem Plebs herzustellen, wie es in Paris zum Sturz des Absolutismus und zur Errichtung der Republik geführt hatte. Daher schlug er antiplutokratische Töne an: »Das gute Volk, den gemeinen Mann, will man immer betrügen, und dazu sind nicht allein die Herrn von Adel, sondern auch die Herrn Räte und Beamten vom Bürgerstande sehr oft die Werkzeuge. Nehmt euch ja in acht, daß nicht die sogenannten vornehmen bürgerlichen Herren und die reichen Leute euch in die Klemme kriegen. Diese Menschen sind oft noch weit stolzer als die Adligen, aber auch weit gefährlicher, weil sie besser studiert haben und die Pfiffe verstehen, wie man euch schruppen soll . . . Die armen Leute oder die Sansculottes, wie die Franzosen sagen, waren die besten Patrioten Frankreichs, bei ihnen war die meiste Tugend und Redlichkeit.«

Da er jedoch befürchtete, die Wohlhabenden durch derartig extreme Ansichten abzustoßen und ins Lager der Gegner zu treiben, sagte er in derselben Rede: »Die Erfahrung lehrt, daß unter den reichen Kaufleuten die meisten brave Männer sind und daß bei ihnen der Patriotismus zu Hause ist wie bei den Armen.« Ebenso wie seine französischen Gesinnungsfreunde hoffte der deutsche Volkstribun, daß die Welle der patriotischen Begeisterung die auf den Besitzunterschieden beruhenden Interessengegensätze verwischen würde. Beim Nichterfolgen einer deutschen Revolution sagte er voraus: »Eure Nachkommen werden mit helleren Augen sehen als ihr, es wird eine neue Revolution entstehen, eine Revolution nicht wie diese, die wir jetzt unter dem Schutz der Französischen Republik unternehmen können – eine blutige Revolution ... Eure Kindeskinder werden euch fluchen und sagen: Unsere Großväter konnten uns frei machen, und sie taten's nicht.«

Obwohl die Jakobiner ihr Publikum aufforderten, die feudalen Eigentumsprivilegien zu beseitigen, legten sie größten Wert auf die Feststellung, daß sie damit nicht das bürgerliche Privateigentum angreifen wollten und daß die erstrebte politische Gleichheit noch keineswegs Besitzgleichheit bedeute. Dies unterstrich Anton Dorsch, als er am 24. November den Wormser Jakobinerklub eröffnete:

»Eine gute Staatseinrichtung muß jedem Bürger sein Eigentum heiligst sichern, also auch die Früchte des Fleißes und der Industrie, wodurch so viele Güter gewonnen werden. Sollte der fleißige, redliche Arbeiter verbunden sein, mit dem Müßiggänger, dem Pflastertreter die Produkte des Fleißes zu teilen, um die Ungleichheit der Güter zu vermeiden, so würde aller Trieb zur Arbeit, aller Kunstfleiß in seiner Geburt erstickt werden. Eine solche Gleichheit der Güter ist nicht bloß eine Chimäre, sondern auch dem Geist einer zweckmäßigen Staatseinrichtung gerade zuwider.«

In einer Rede, die Wedekind am 19. November hielt, gab er der Hoffnung Ausdruck, daß ein weiterer französischer Vormarsch eine revolutionäre Erhebung in ganz Deutschland zur Folge haben würde: »Glauben Sie vielleicht, daß der Geist der Französischen Revolution unmöglich das Kasteler Zollhaus jenseits der Rheinbrücke passieren würde? Darum seien Sie nur ganz ruhig, es bedarf dazu keiner Propaganda, keiner Freiheitsapostel, das Revolutionsfeuer glimmt schon in ganz Deutschland unter der Asche, und es bedarf nur des Hauches französischer Heere, um seine Flamme bald allgemein auflodern zu lassen ... Es ist so gut als gewiß, daß die Revolution ganz Deutschland betreffen wird, und mithin auch so gut als gewiß, daß der neuentstehende Reichsnexus, das ist die Verbrüderung edler deutscher Männer, die Kurfürstenkomödie bald vom Theater jagen wird.«

Richtete sich Wedekind in seinen Reden und Aufsätzen in erster Linie an das durch Erziehung und Tradition in geistiger und politischer Unmündigkeit gehaltene einfache Volk, so suchte Friedrich Georg Pape, der Vorsitzende des Korrespondenzausschusses des Jakobinerklubs, die in Mainz sehr zahlreiche niedere Geistlichkeit für die Politik der Klubisten zu gewinnen. Pape, der als Prämonstratensermönch Professor am theologischen Seminar in Bonn gewesen war, gehörte zu jenen katholischen Geistlichen, die dem Kloster entflohen waren und sich der Revolution angeschlossen hatten. 1791 war er gemeinsam mit dem Theologen und Dichter Eulogius Schneider ins Elsaß gegangen, war dort »Frankenbürger« geworden und hatte als Vikar des republikanischen Bischofs von Kolmar fungiert; Anfang November 1792 kam er mit Dorsch und Cotta nach Mainz. Seine Rede betraf die »Vereinigung der neufränkischen Verfassung mit dem Katholizismus« und suchte nachzuweisen, daß die politische und die religiöse Regeneration Hand in Hand gingen, ja identisch seien. Er griff mit ironischer Schärfe die Willkürherrschaft der geistlichen Fürsten, der »Bauchpfaffen«, an, die Hofluxus und Mätressenwirtschaft getrieben, sich um das Wohl ihrer Untertanen nicht gekümmert und »nur die Wolle, nicht aber die Schafe geliebt« hätten. Während er die sozialen Interessen der Kirchenfürsten mit dem wahren Inhalt der katholischen Religion für unvereinbar erklärte, behauptete er, daß die französische Verfassung die eigentlichen Lehren des Christentums verwirkliche und daher »mit Recht das zweite Evangelium, die katholische Konstitution« genannt werden könne. Er hob ausdrücklich das Dekret des Konvents vom 19. November hervor, das die Unterstützung der Französischen Republik allen Völkern versprach, die sich von ihren Despoten befreien wollten, und schloß mit der kosmopolitischen Huldigung: »Es lebe die europäische Frankenrepublik!«

Einige Wochen später, am 20. Dezember, las Pape im Jakobinerklub eine höhnische Herausforderung an den preußischen König vor, die kurz darauf im Druck erschien.

Friederich Georg Papes »Offenherzige Zuschrift an Friedrich Wilhelm Hohenzollern, dermalen König aus Preussen«

König!

Mit Unwillen haben die Neufranken vernommen, daß man sich in dem Rate Deiner Kriegesknechte so genau um die Freunde der Freiheit und Gleichheit in Mainz erkundige, daß man sogar die Reisenden notzüchtige, zu bekennen, wie diese Freunde heißen und so weiter.

Wozu soll die lächerliche Inquisition dienen? Um den Mainzer Klubisten Furcht einzujagen? Oh, wisse, König, daß Bürger, die in der Verteidigung der Freiheit und Gleichheit zu sterben geschworen haben, daß diese die Überbleibsel Deiner in Champagne aufgeriebenen Horde nur bemitleiden, aber nie fürchten! Oder veranstaltest Du diese Untersuchung, um bei Deinem Einzug in Mainz die Klubisten meuchelmorden zu lassen? Oh, dann wisse, König, daß dieser Einzug in Mainz ein noch närrischerer Traum ist, als Dein Einzug in Paris war, den Dir Dein würdiger Vetter, der irrende Ritter Braunschweig, im Sommer auf seinen Manifestspapieren vorträumte! Wisse, daß nicht ein deutscher Prinz, sondern der erhabene Republikaner Custine mit einigen tausend glühenden Frankenbürgern Deinen Troß vor Kastels Feste erwarte, um Deine Majestät auf Republikanerart zu empfangen. Wisse, daß die Bürger von Mainz Rysseler Bürger geworden sind, die ein feuriger Kugelregen nur mutiger macht, aber nicht niederschlägt!

Freilich bist Du der erste der Despoten, der mit dem ohnmächtigen Kaiserchen den verzweifelten Krieg gegen die Rechte der Menschheit anfing; und darum steht es Dir so ganz natürlich an, Dein Hauptaugenmerk auf eine Gesellschaft zu richten, welche die Rechte der Menschheit vor der ganzen Welt so glänzend ins Licht stellt. Deine Besorgnisse müssen sich noch vermehren, wenn Du unterrichtet bist, daß man so in dem Mainzer wie in allen fränkischen Klubs darauf bedacht sei, alle Despoten zu verjagen und die Rechte der Menschen in der ganzen Welt geltend zu machen, daß man im Mainzer Klub schon an einer Adresse an die Freiheitsgesellschaft in Wesel arbeite, die der Republikaner Dumouriez künftigen Monat allda stiften wird, daß man schon die Gesellschaftsorganisation für die Freunde der Freiheit und Gleichheit ausfertige, die sich künftigen Sommer in Deinem Schlosse zu Berlin unter dem Schutze einer zahlreichen Frankenarmee öffentlich versammeln werden: alles dieses muß Dich natürlicherweise zu außerordentlichen Maßregeln verleiten!

Allein, alle Deine Maßregeln sind vergeblich und können Dich nicht retten; das einzige Mittel, das Dir ein Vernünftiger angeben kann, ist dieses: Fliehe mit dem Reste Deiner Sklaven nach Hause und erkläre Deine sogenannten Untertanen selbst frei! Das ist: Werde Mensch und Bürger!

Doch vielleicht glaubst Du in Deiner besonderen Art, Krieg zu führen, noch Hilfe zu finden; vielleicht glaubst Du, noch Feige von Longwy und Verdun, noch Verräter und Meuchelmörder von Frankfurt anzutreffen? Aber König, Du irrest, Longwy und Verdun sind so würdig gestraft, und das Frankenblut in Frankfurt soll so fürchterlich gerächet werden, daß diese Verräterstädte in der ganzen Welt keine Nachahmer finden werden.

Nur alle Hoffnung aufgegeben, König, alle Throne auf der Erde wanken, und kein Jahr mehr, so sind sie alle zu Boden gestürzt! Die große unüberwindliche Republik, die drei Millionen bewaffnete und geübte Freiheitsverteidiger hat, ist von der Vorsehung zur Wiederherstellerin der Menschheit bestimmt, und sie wird nicht aufhören zu siegen, bis man keine Feinde der Menschheit, bis man keine Könige und Fürsten mehr zählt. Die Standarten unserer Helden führen die Devise: Untergang den Despoten! Heil den Völkern! Unser Feldgeschrei ist: Freiheit oder Tod!

Und erst dann wird von Paris aus allen Völkern der allgemeine Frieden verkündet werden, wenn zu Wien und Berlin, zu Madrid und Neapel, zu London und in Haag, zu Rom und Turin, zu Petersburg und Warschau Freiheitsbäume unerschütterlich stehen!

Dieses, König, ist das Glaubensbekenntnis der Freunde der Freiheit und Gleichheit in Mainz, welches ich Dir hiermit zu übersenden das Vergnügen habe, der ich bin

Dein und aller Könige Feind,
der Republikaner Pape,
Mitglied der Gesellschaft der Freiheit
und Gleichheit zu Mainz, Straßburg,
Schlettstadt, Kolmar und Münster,
auch Korrespondent der heimlichen Klubs
in den preußischen Staaten.

Die Flugschrift wurde durch Vorposten über die Frontlinie gebracht und gelangte so ins Innere Deutschlands.

Dieser scharfe Angriff gegen den preußischen König stieß in Mainz nicht nur bei konservativ eingestellten Kreisen auf Widerspruch. Da die französische Revolutionsregierung ihre Hoffnungen, Preußen von der Koalition abzuspalten, Ende 1792 keineswegs aufgegeben hatte, sahen die Behörden die überscharfe Sprache Papes als untaktisches Vorgehen an. Das »Mainzer Intelligenzblatt« veröffentlichte am 12. Januar 1793 eine Mitteilung seitens der Munizipalität, in der diese öffentlich erklärte, »daß weder sie, noch die Bürgerschaft von Mainz von der von Friedrich Georg Pape erschienenen sogenannten ›Öffentlichen Zuschrift‹ einigen Anteil noch Wissenschaft habe, noch weniger dergleichen heftige schriftstellerische Ausbrüche billige«. Forsters »Neue Mainzer Zeitung« nahm zwar Pape in Schutz und billigte seine Ausführungen; dennoch war der auf Pape ausgeübte Druck so stark, daß er genötigt war, im Klub zu erklären, daß er den offenen Brief allein verfaßt habe und daß »die Gesellschaft an dieser Adresse ganz und gar keinen Anteil« habe.

Stieß diese Schrift Papes auch in Mainz auf Ablehnung, so fand sie in den absolutistischen Staaten solches Interesse, daß sie handschriftlich kopiert und heimlich weitergegeben wurde. Eine Abschrift wanderte quer durch Thüringen und langte im März 1793 bei einem Unteroffizier eines in Lübben in Sachsen stationierten Regimentes an. Er übergab die Schrift nicht den Behörden, sondern brachte sie in seine Heimatstadt Löbau, wo sie durch viele Hände ging und weiter nach Zittau vermittelt wurde. Die Berliner Regierungsbehörden erfuhren von der weiten Verbreitung des antipreußischen Pamphlets Papes und ersuchten den Gouverneur von Ansbach-Bayreuth, von Hardenberg, ihnen den Wortlaut der Flugschrift einzusenden. »Wenn es möglich wäre, sie zu bekommen, so würden wir gern sehen, daß Ihr sie uns einschicktet, um solche, wenn der Bösewicht einmal in Verhaft geriete, gegen ihn zu gebrauchen.« Hardenberg sandte am 14. März die »unwürdige Schandschrift des Pape« dem Berliner Kabinettsministerium ein und wies darauf hin, daß sie unter anderem in dem zum Bistum Augsburg gehörigen Gebiet von Ellwangen eifrig gelesen würde. Das Ministerium, das Papes Auslassungen als »Werk eines rasenden Tollhäuslers« bezeichnete, erließ im April 1793 eine Anzahl von Verfügungen, um die Verbreitung der Mainzer Flugschriften in Preußen und in den Nachbarländern, insbesondere in Kursachsen, zu verhindern.

Friedrich Wilhelm III.

Jakobinische Freiheitsgedichte

Die Jakobiner sahen es als ihre Aufgabe an, den engen Gesichtskreis des einfachen Volkes zu erweitern und das politische Bewußtsein der Allgemeinheit zu heben. Am leichtesten konnte die Propagierung der Ideen von 1789 durch Gedichte erfolgen, deren einprägsame Verse nach populären Melodien zu singen waren. Alle demokratischen Zeitschriften enthielten daher Freiheitsgedichte, die teils aus dem Französischen übersetzt waren, teils von jungen jakobinischen Dichtern wie Friedrich Lehne und Nikolaus Müller verfaßt wurden. Es zeigt die politische Reife der Gedichte, daß sie nicht einzelne Repräsentanten der herrschenden Ordnung angreifen, sondern gegen das Feudalsystem an sich Stellung nehmen. Die Gedichtverfasser bemühten sich, das demokratische Ideengut in einfache Worte zu kleiden und so weit wie möglich der Denkweise und dem Verständnis der niederen Volksschichten anzupassen. Sie wollten die durch Bildung und Herkunft bedingte Trennwand, die sie von den Massen schied, durchbrechen, ihre Ideale und Forderungen allgemein bekanntmachen und so das politische Bewußtsein der Öffentlichkeit heben. Da dem arbeitenden Volk jede geistige Ausbildung versagt war, konnten die Ideen von 1789 noch am leichtesten durch Gedichte propagiert werden, deren einprägsame Verse jedermann begriff. Aus den Quellen ist zu belegen, daß die Lieder, die nach populären Melodien gesungen wurden, bei den einfachen Leuten starken Widerhall fanden. Sie trugen zur Verbreitung der demokratischen Zeitschriften wesentlich bei.

In einem »Waffenruf an die deutschen Bürger«, der von Friedrich Lehne 1792 gedichtet wurde, heißt es:

Es kämpft für euch des Franken Hand,
Und *eure* scheut das Schwert?
Scheint euer segensvolles Land
Euch nicht der Rettung wert?
Bedenkt! Wie mancher eitler Mann
Verschwelgte schon sein Mark,
Und wißt! Es macht den Volkstyrann
Des *Volkes* Kraft nur stark.

Wer gab ihm über euch Gewalt?
Ihr gabt ihm sie ja nie;
Sein Name war drei Sekul'n alt;
Durch das empfing er sie.
Gezeugt in *unsrer* Mütter Schoß
Hieß er nicht mehr als wir;
Doch er gewann ein Fürstenlos –
Und sein Gewinn ward ihr.

Lang trotzt er auf den Söldnerschwarm,
Den *euer* Schweiß genährt,
Dem Vater droht des Sohnes Arm,
Den sein Despot bewehrt.
Der Sohn, der deine Stütze sein,
Dein Alter pflegen sollt',
Ist, armer Vater, lang nicht *dein*
Und doch in *deinem* Sold.

O Brüder! Schauet nicht zurück!
Vergeßt was euch entehrt!
Gerettet hat euch nun das Glück –
Macht euch des Glückes wert!
Geduldet habt ihr wie das Schaf,
Das man zur Schere zog,
Geschlummert einen Seelenschlaf,
Da man euch keck betrog.

Wacht auf und hört der Wahrheit Ruf!
Seid euren Vätern gleich!
Das Heil, das sich der Franke schuf,
Das teilt er nun mit euch.
Wacht auf! Wacht auf! Der Rettungstag
Brach hell und sonnig an,
Das Laster floh dem Dunkel nach,
Der Tugend ward die Bahn.

Der Sklave nur scheut die Gefahr,
Ihr trotzt der freie Mann;
Wer nie zu wagen willig war,
Sagt, ob der je gewann?
Und waget ihr, da Gottes Hand

So sichtbar euch bedeckt?
Er ist es, der euch Rettung sandt',
Der euch zur Freiheit weckt.

Vergeßt nicht eures Sieges Ziel,
Vergeßt des Friedens nicht,
Den dann, wenn sein Zerstörer fiel,
Die Freiheit euch verspricht.
Einst waren eure Väter frei;
Und *ihr* wollt es nicht sein?
Sie fluchten stets der Tyrannei;
Und *ihr* wollt euch ihr weihn?

Ihr seid nicht deutsche Männer mehr,
Des Vaterlands nicht wert,
Trotzt ihr nicht jedem feilen Heer,
Das ein Despot bewehrt.
Wacht auf! Wacht auf! Die Freiheit winkt!
Seid euren Vätern wert!
Kämpft, bis des Lasters Götze sinkt!
Wacht auf! Und rettet euch!

Weltbürgerliche und patriotische Ideen bildeten 1792 keinen Gegensatz. Die deutschen Jakobiner ersehnten mit dem Sieg der Franzosen die Befreiung des eigenen Volkes. Diese Einstellung wird durch den Namen »Neufranken« charakterisiert, mit dem die deutschen Demokraten die Franzosen belegten, um dadurch die Einheit aus gemeinsamer Herkunft und die Identität der politischen Ziele zu unterstreichen, gleichzeitig, um die umfassende Regeneration des französischen Volkes zu betonen. Die Kosmopoliten sahen keinen Widerspruch in ihrem Wunsch nach Befreiung durch die Revolutionsarmeen, nach staatsbürgerlicher Freiheit und Gleichheit einerseits und ihrer Liebe zum Vaterland andererseits. Haß gegen andere Völker, wie er die spätere nationale Lyrik oft genug beflügelt, war den Demokraten der Revolutionsepoche unbekannt.

In einem »Freiheitsgebet eines Jakobiners«, das nicht nur im französisch besetzten Rheinland, sondern auch in der Hamburger demokratischen Presse abgedruckt wurde, heißt es zum Lob der Mainzer Republik:

Unser aller Nutz und Frommen,
Göttin Freiheit! Sei willkommen!
Steure jenen deutschen Fürsten,
Die nach Frankreichs Blute dürsten,

Weck' das Volk der Sklaverei,
Mach die ganze Menschheit frei.
Einen Freiheitsbaum, den pflanzen
Wir am Rhein, die Mainzer tanzen
Schon mit Ça ira um ihn;
Deine Siegeskränze blühn.
Um die Brüder, deren Ketten
Dort noch klirren, bald zu retten,
Leit uns Franken Hand in Hand
An der Eintracht Rosenband.
Daß wir, raschen Trittes, gehen
Siegeprangend auszuspähen,
Wo der Aberglaube wohnt,
Pfaffendespotie noch thront.
Alles wird dir untertänig,
Göttin Freiheit, sei uns gnädig!
Auf der Jakobiner Flehn.
Denn so werden deine Franken
Dir mit allen Völkern danken.

Die Vision eines Sturzes der Monarchie und der Beseitigung von Thron, Adel und Klerus wird besonders konkret in folgendem anonymem Gedicht, einer freien Übertragung von einem französischen Freiheitslied, dessen Verbreitung von Schleswig-Holstein bis in die Steiermark nachweisbar ist:

Die Zeiten, Brüder, sind nicht mehr
Wo Thron und Zepter galten;
Bald sind die Königsthrone leer
Und ach! im Grab erkalten
Wird Fürstenmajestät. Ha ha! Ça ira!

Von seiner jähen Höhe fällt
Der Adel zum Erschrecken,
Wird in der aufgeklärten Welt
Kein weiteres Unheil hecken.
Die Wappenhoheit sinkt. Ha ha! Ça ira!

Auch Priestermacht, Religion
Samt Götterfurcht und Glaube
Wer achtet sie? Mit Schimpf und Hohn
Verscharrt man sie zum Staube.
Da faulen, modern sie. Ha ha! Ça ira!

Frei sind die Menschen von Natur,
Tand sind die Fürstenblitze!
Drum keine Krone mehr als nur
Die Jakobinermütze.
Kein Fürst, nur Sansculotten. Ha ha! Ça ira!

Von den englischen und französischen Aufklärern wurde der Naturrechtsgedanke vom legitimen Widerstand gegen die ungerechte Obrigkeit und von den unveräußerlichen Menschenrechten übernommen. Zusammen mit Rousseaus Lehre von der uneingeschränkten Volkssouveränität war das Naturrecht die wichtigste ideologische Waffe gegen das Feudalsystem. Die französische Konstitution von 1791 enthielt fast wörtlich Teile des »Gesellschaftsvertrages«. Einige dieser Grundsätze finden sich in folgendem Gedicht, das wie das vorangegangene in weiten Teilen des deutschen Sprachraums, vom Rheinland bis nach Sachsen, von Hamburg bis Wien, bekannt war. Es wurde handschriftlich kopiert, weitergereicht und vom einfachen Volk mündlich verbreitet. Daher existieren mehrere Versionen, wobei manchmal diese oder jene Strophe fehlt. Mit leichten Veränderungen kursierte das Gedicht noch in der Revolution von 1848.

Zerbrecht das Joch, zerreißt die Ketten,
Befreit das Volk aus der Gefahr,
Jetzt ist es Zeit, euch zu erretten
Aus aller Sklaverei sogar,
Zur Freiheit hat uns Gott geschaffen,
Sie sei auf ewig unser Glück,
Allein die Fürsten und die Pfaffen
Erzogen uns am Sklavenstrick;

Belegten uns mit schwerer Bürde
Und machten glauben uns dabei,
Daß dieses unsrer Menschenwürde
Vollkommen angemessen sei.
Jetzt wissen wir: es ist erlogen,
Sie haben uns tyrannisiert,
Und bei der Nas herumgezogen
Und unsre Rechte usurpiert.

Auch wissen wir: der Ordnung wegen,
Um zu erhalten Glück und Ruh,
Muß die Justiz die Rechte pflegen;
Den Satz, den geben wir gern zu.
Doch können wir unmöglich glauben,
Den Fürsten sei das Recht verliehn,
Uns Kinder, Hab und Gut zu rauben
Und übers Ohr das Fell zu ziehn.

Denn wenn wir nach der Ursach fragen,
Wodurch die Monarchie entstand,

So wird uns die Vernunft gleich sagen,
Daß sie die Unvernunft erfand.
Der erste König ward vor Zeiten
Vom Volk erwählt aus ihrer Zahl,
Und daraus ist der Schluß zu leiten,
Daß er nur war ein Volksvasall.

Das Volk sprach nicht: Wir sind nur Knechte,
Und du ein König, unumschränkt,
Nein; sondern unsere Menschenrechte
Sollst du uns lassen ungekränkt.
Wir wollen *deine* Rechte schützen,
Jedoch wird *unser* Recht verletzt,
So kannst du uns nicht weiter nützen,
Und du wirst wieder abgesetzt.

Den Fürsten hat das Volk erkoren,
Das Volk gab ihm die Existenz,
Zur Zeit, da niemand hochgeboren,
Und niemand hieß noch Exzellenz.
Da gabs noch keine Majestäten,
Da gabs noch keinen Kavalier,
Noch keine Füchs und Hofpoeten
Und auch kein geistlich Murmeltier.

Allein, seitdem der Königstitel
Stieg bis zum allerhöchsten Ziel,
Stieg Falschheit, Pracht – und Lebensmittel,
Und Völkerrecht und Freiheit fiel.
Da endlich stiegen Glanz und Freuden,
Der Fürst nahm Müßiggänger an,
Und machte sie zu Edelleuten,
Zu Sklaven sie – den Untertan.

So nach und nach ist dann entstanden
Die Despotie, der Freiheit Grab,
Und Teufels Hofgeschmeiß erfanden
Den Marschall- und den Bettelstab.
Am Hof verschwenden tausend Stutzer
Des Landes Fett, den besten Wein,
Und wollen bis zum Stiefelputzer
Halbgötter, keine Menschen sein.

Und wenn den Fürsten Habsucht plaget,
Muß jedermann, gleich auf sein Wort,
Weil ihm des Nachbarn Land behaget,
Für ihn ins Feld auf Raub und Mord.
Da läßt man in den Kirchen bitten
– Die Pfaffen beten hoffnungsvoll,
Sie beten so, wie Räuber bitten –
Daß Gott den Raub doch segnen soll.

O! Merkt ihr denn, ihr Menschenscharen,
Nicht diesen schändlichen Betrug,
Und seid ihr, nach so vielen Jahren,
Noch nicht durch euren Schaden klug?
Wollt ihr für den Tyrannen schwitzen,
Der nur im Bett der Wollust liegt,
Und euer Blut für ihn verspritzen,
Wenn ihn Erobrungslust besiegt?

Wollt auf die Unschuld Feuer geben,
Und kämpfen gegen die Natur?
Nein! Opfern wir doch unser Leben
Für Vaterland und Freiheit nur!
Wollt ihr für den Despoten fechten
Und seiner Habsucht Knechte sein?
Ihm eine Lorbeerkrone flechten
Und schnitzen *euch* ein hölzern Bein?

Nein, Brüder! Wenn wir kämpfen müssen,
So soll nur unser warmes Blut
Für Völkerrecht und Freiheit fließen,
Nicht für den Fürstenübermut!
Wir haben schon seit vielen Jahren,
Nicht bloß seit diesem Saeculo,
Gebeugt das Sklavenjoch getragen
Und wurden nie des Lebens froh.

Jetzt, da die Freiheitsfackel lodert
Ist unser Vaterland in Not,
Und seine Hilfe, die es fodert,
Heißt, Brüder: Freiheit oder Tod!
Drum laßt die Freiheitsfahne schwingen
Trotz Adel und der Klerisei,
So stürzt der Stolz, die Pfaffen singen
Vor Angst und Not die Litanei.

Dann endlich sprenget Kett und Bande,
Die Menschheit fühlet ihre Kraft,
Tyrannen bebt, und fühlt die Schande,
Und zittre, falsche Priesterschaft!
Umstrahlt von tausend Freudenfackeln
Sind wir voll Mut, ein Volk des Lichts,
Tyrannen bebt, die Thronen wackeln
Und fallen in ein ewig Nichts.

Die demokratischen Schriftsteller hatten erkannt, daß die höhere Sittlichkeit der neuen Ordnung auch auf militärischem Gebiet gültig sei. In den Revolutionsarmeen kämpfe der Soldat für seine persönlichen Rechte; daher liege die

Verteidigung der neuen Errungenschaften in seinem eigenen Interesse. Im krassen Gegensatz dazu stand die feudalistische Ausbeutung des Volkes schon in Friedenszeiten, die Günstlingsherrschaft und der Verkauf von Landeskindern ins Ausland. In einem 1797 in der demokratischen Zeitschrift »Die Geißel« erschienenen Gedicht »Das Erwachen der Deutschen« heißt es:

Wo herrschten frechere Despoten?
Wo trug ein Volk so schwer wie wir?
Zu lange, Brüder! beugtet ihr
Den Nacken schimpflichen Geboten.
Voll ist der Frevel großes Buch –
Empor die kettenwunden Hände!
Das Reich der Zwingherrn hat ein Ende,
Das murrend Deutschlands Bürger trug.

Von den Ardennen finstern Gründen
Bis Wien – erzählt der Völker Fluch –
Zeigt der Geschichte blut'ges Buch,
Ihr Mörderfürsten, eure Sünden.
Ihr tragt der Schatten Anblick nicht,
Des Mordes gräßliche Trophäen!
Ihr müßt verzweifeln und vergehen,
Verhüllt im Staub das Angesicht.

Es gaben treue Nationen
Des Volkes Macht in eure Hand;
Auf des Gesetzes Unterpfand
Begründeten sich eure Thronen.
Als Väter, nach Vertrag und Pflicht,
Zu leiten nur habt ihr versprochen.
Weh euch! Ihr habt den Bann gebrochen,
Gewürgt habt ihr, geherrschet nicht.

Ihr schwelgtet in der Witwe Schätzen
Gabt Waisen preis dem Hungertod,
Stahlt unsrer Armen letztes Brot
Und mästetet des Auslands Metzen.
An euren Schlössern fronten wir,
Ihr bautet sie mit unserm Gute,
Ihr kauftet sie mit unserm Blute,
Ihr Mörder! Mördermäkler ihr!

Ein »Hohes Lied von der Gleichheit« sagte der hierarchisch gestuften Privilegienordnung den Kampf an. Einige Zeilen seien hier wiedergegeben:

Aber zittert, zittert, Fürsten!
Zittere, Despotenblut!
Unbesiegbar ist der Mut,
Derer, die nach Freiheit dürsten,
Sie verlachen eure Wut!
Vorurteil gab euch, o Schande!
– Schande dem, der euch noch frönt,
Der nicht eure Macht verhöhnt –
Herrschaft über Leut und Lande,
Vorurteil hat euch gekrönt!
Ha! Das Vorurteil besiegen
Sei uns hohe, heilge Pflicht!
Kämpfen wollen wir und siegen,
Feig in Sklavenfesseln schmiegen
Werden wir uns ewig nicht!
Am Altar der Freiheit schwöre
Jeder bieder, groß und frei,
Fern von niedrer Sklavenscheu,
Laut, daß alle Welt es höre, –
Ewgen Haß der Tyrannei!
Ewgen Tod und ewge Rache
Allen Gleichheitsfeinden! Schwört!
Gleichheit ist des Menschen Sache,
Ist des heißen Kampfes wert!

Die Freiheit war nach demokratischer Auffassung eine Funktion der politischen Gleichheit. Die Rechte des Menschen stammten aus seiner Natur, nicht aus seinem Besitz. Wo keiner dem andern untertan und jegliche Art von Unterdrückung beseitigt wäre, würden die gesellschaftlichen Abstufungen nicht mehr auf dem Eigentum, sondern auf der Leistung des einzelnen im Interesse der Allgemeinheit beruhen. Dies deutet sich in einem Gedicht des Mainzer Jakobiners Friedrich Lehne an:

Was heißt Freiheit?

Wohl mir, ich bin ein freier Mann,
Nur den Gesetzen untertan.
Drum tu ich keinem Menschen je
Was ich nicht will, daß mir gescheh.
Nur bin ich jedes Menschen Feind,
Der's mit der Menschheit übel meint.
Willkommen, wer es sagen kann
Wohl mir! Ich bin ein freier Mann.

Mir stört kein Fürst noch Fürstenknecht
Mein häuslich Glück, mein Menschenrecht.
Kein Pfaff, kein Schranze hudelt mich
Und tränkt von meinem Schweiße sich.
Ich bin, sei er auch noch so reich,
Ist er nur bieder, jedem gleich.

Zu oft nur tragen Übermut
Und Eigennutz den Freiheitshut;
Und mancher Bube, reif zum Rad,
Entweiht den Namen Demokrat.
Von Menschenrecht und Bürgerpflicht
Schreit mancher Aff und kennt sie nicht.
Doch wer von Freiheit schreien kann,
Ist darum noch kein freier Mann.

Wohl mir! Ich bin ein freier Mann,
Nur den Gesetzen untertan.
Trotz jedem Schuft und jedem Tor'n
Und sei er noch so hochgebor'n.
Und sei er Bischof oder Graf
Und sei er König oder Sklav.
Wohl mir! Daß ich es sagen kann,
Ich bin und bleib ein freier Mann.

Zu den beliebtesten Liedern zählte natürlich die Marseillaise, deren aufrüttelnde Verse die jakobinischen Armeen bei ihrem Vordringen ins Rheinland beflügelt hatten. Die französische Freiheitshymne wurde noch im Entstehungsjahr 1792 mehrmals ins Deutsche übertragen. Nicht alle deutschen Fassungen der Marseillaise sind als völlig gelungen zu bezeichnen. Die bereits erwähnte Straßburger Nachdichtung von Eulogius Schneider erschien in etlichen demokratischen Journalen.

Eine andere freie Übertragung der Marseillaise kam anonym heraus. Sie trug den Titel »Der Marseiller Hochgesang«:

Auf! Für das Vaterland zu sterben!
Auf! Wer den Schwur der Freiheit schwor!
Die Herrschsucht hebt, uns zu verderben,
Ihr blutiges Panier empor.
Hört ihr im Tal die fremden Horden?
Blutdürstend naht der fremde Schwarm,
Er naht, um selbst in eurem Arm
Den Sohn, die Gattin euch zu morden.

Brecht, Bürger, auf! Stellt euch in Glied und Reih!
Zum Kampf und kämpft! Das Land der Freiheit düngt
Das Blut der Tyrannei. (. . .)

Auch der im holsteinischen Eutin lebende Homer-Übersetzer Johann Heinrich Voß, der ebenso wie der von ihm verehrte Klopstock demokratischen Vorstellungen zuneigte, verfaßte 1792 eine Nachdichtung der französischen Nationalhymne. Seine Strophen erschienen im Februar 1793 in dem liberalen »Schleswigschen Journal« und wurden auch am Rhein bekannt. Die Übertragung, die den Titel »Gesang der Neufranken« trug, begann:

Sei uns gegrüßt, du holde Freiheit!
Zu dir ertönt froh der Gesang!
Du zerschlägst das Joch der Bezwinger
Und erhebst aus Elend in Heil!
Uns zu erneun, kehrst du vom Himmel,
Längst deinen Geweihten ersehnt!
Was hemmet ihr, Bezwinger, noch
In verschworner Wut die Erneurung?
Mit Waffen in den Kampf, für Freiheit und Gesetz!
Naht, Bürger, naht! Bebt, Mietlingsschwarm!
Entfliehet oder sterbt!

Vom »Lied der freien Wöllsteiner« des Jakobiners Friedrich Lehne, das in den Mainzer Revolutionsjournalen »Der Bürgerfreund« und »Der Patriot« Ende 1792 erschien und ebenfalls im Versmaß der Marseillaise verfaßt ist, seien zwei Strophen wiedergegeben:

Wir pflügten willig unsre Äcker,
Viel träge Prasser nährten wir;
Doch seht, sie wurden immer kecker,
Erniedrigt waren wir zum Tier.
Geblendet von dem schnöden Glanze,
Den ihnen unser Fleiß verschafft,
War stolz und stark durch unsre Kraft
Manch fetter Pfaff, manch geiler Schranze.
Wohlan, die Wahl ist leicht!
Nur Freiheit oder Tod;
Weh dem, Fluch dem,
Der je es wagt und unsrer Freiheit droht!

Wir *selbst,* wir machen die Gesetze,
Denn wer weiß besser, was uns nützt?
Dadurch behalten *wir* die Schätze,
Die dann kein Schwelger mehr besitzt.
Wir wählen uns gerechte Richter,
Die keines Schurken Gold besticht;
Vertrauen wecket ihr Gesicht,
Schreckt nie wie jene Amtsgesichter.
Wohlan, die Wahl ist leicht!

Die deutschen Jakobiner, in den verschiedenen Gegenden und Städten des Landes vereinzelt lebend, wußten sehr wohl, daß sie angesichts der wirtschaftlichen Rückständigkeit und dem tiefverwurzelten Untertanendenken und Obrigkeitsrespekt ihrer Mitbürger nicht imstande waren, die bestehende Ordnung aus eigener Kraft aus den Angeln zu heben. Ideologisch wie militärisch waren sie auf die tätige Unterstützung durch die französischen Jakobiner angewiesen. Sollte auch in Deutschland eine bürgerlich demokratische Republik errichtet werden, so waren weitere Siege der französischen Revolutionsarmeen unerläßlich. Zum neuen Jahr 1793 erschien im Journal »Niedersächsischer Merkur«, das von dem Hamburger Jakobiner Friedrich Wilhelm von Schütz herausgegeben wurde, folgende säkularisierte Fassung eines protestantischen Kirchenliedes:

Es ist gewißlich an der Zeit,
Daß die Franzosen kommen,
Zum Heil der lieben Christenheit,
Zur Freiheit aller Frommen;
Nun wird das Lachen werden rar
Bei der Aristokraten Schar,
Denn diese werden heulen . . .
Ach Franken helft! Jetzt ist es Zeit!
Kommt doch in unsre Lande!
Und stürzt die Ungerechtigkeit
Und löset unsre Bande!
Macht uns von allem Übel los
Und setzt durch einen Gnadenstoß
Die Despotie vom Throne!
Wir wollen, tapfrer Franken Schar,
Mit Vivat euch begegnen,
Und euch zu diesem Neuenjahr
Mit Heil und Freude segnen!

Die Revolutionserwartung in Westdeutschland im Herbst 1792

Gelang es den Mainzer Demokraten nicht, die Mehrheit der Bevölkerung des Rheinlandes für die Revolutionsprinzipien zu gewinnen, so fanden ihre Appelle, sich des absolutistischen Drucks zu entledigen, im rechtsrheinischen Deutschland ein vielfaches Echo. Obwohl das deutsche Bürgertum infolge der Zersplitterung des Landes und der wirtschaftlichen Rückständigkeit zu schwach und unentwickelt war, um sich an die Spitze einer revolutionären Bewegung zu stellen, so fanden sich vielerorts Parteigänger der Franzosen, die bereit waren, zur politischen Aktion zu schreiten. Die Unruheherde unter Gebildeten und niederen Volksschichten legten Beweise dafür ab, daß sich schwelender sozialer Zündstoff angesammelt hatte und daß der Funkenflug der Revolutionsideen die Gemüter entflammte.

Unter der studierenden Jugend war die Begeisterung groß, als Custines Armee ins Herz Deutschlands vorstieß. An den Universitäten von Tübingen und Jena, auf der militärisch organisierten Karlsschule Württembergs und an der Gelehrtenschule in Altona erschienen viele Studenten kurz nach der Eroberung von Mainz mit der Trikolore. Besonderes Interesse zeigten die Studenten der Göttinger Universität. Mehrere Göttinger Gelehrte standen im Ruf, mit den Ideen der Revolution zu sympathisieren. Das Hannoveraner Geheime Ratskollegium ersuchte im November 1792 den Prorektor der Universität um Stellungnahme zu einem Gerücht, das besagte, in Göttingen würden den Studenten »demokratische, mit den bisher in Deutschland bestehenden Verfassungen unverträgliche Grundsätze eingeflößt«. Nach der Eroberung von Frankfurt ritten mehrere Göttinger Studenten, mit Freiheitskokarden geschmückt, nach Kassel, da sie die vorrückenden französischen Truppen bereits dort vorzufinden hofften. Die Behörden untersagten den Kaufleuten Göttingens, dergleichen Kokarden zu verkaufen; der Prorektor der Universität versprach darauf zu achten, daß die Studenten die Kokarden ablegten. Die Chorschüler sangen vor den Häusern Gesangbuchverse in der Melodie der Marseillaise, »bis die hochwürdige Geistlichkeit dahinterkam und diese melodische Konterbande konfiszierte«. Die Jugendlichen waren über das Singverbot empört und zogen drei Tage lang durch die Straßen, das verpönte Lied singend.

In der Nacht zum 7. November 1792 wurde am Kaufhaus in Göttingen ein in Druckfraktur geschriebener »Freiheitsaufruf an die hannöverischen Untertanen« befestigt, der folgenden Text enthielt:

»Liebe Mitbürger! Nicht aus bloßem Revolutionsgeist, sondern angetrieben durch die Rechte der Menschheit, schlage ich euch vor, daß wir bei der jetzigen Epoche, wo der Despotismus zittert, einen Versuch machen können, den überstolzen hannöverischen Adel zu stürzen, und uns von verschiedenen ungerechten, für die Armut drückenden Abgaben zu befreien. Alle Menschen schuf Gott gleich; daher braucht nicht der sogenannte Untertan die Wollust der Despoten durch seinen Schweiß zu unterhalten. Im ersten Jahr der Französischen Republik, von einem Hannoveraner geschrieben.«

Trotz eifriger Fahndung der Polizei nach den Verfassern des Aufrufs konnte nichts ermittelt werden. Die Behörden verfügten, daß jeden Morgen eine Patrouille in Göttingen herumgehen solle, um die nächtlich angebrachten Anschlagzettel abzureißen.

Viele Bürger, die den Einmarsch der französischen Armee erwarteten, ließen ihrem Mißvergnügen über die Steuerfreiheit des Adels und über die Bezahlung des verhaßten Kopfgeldes freien Lauf und sagten in den Wirtshäusern, daß sie nur auf einen günstigen Zeitpunkt warteten, um die schon in ihrem Besitz befindlichen Nationalkokarden anzustecken. Es gab Bauern, die ihre Futtervorräte lieber den Franzosen geben wollten als den auf ihren Höfen einquartierten hannoveranischen Reitern. Unter Bauern und Bürgern zeigte sich die Neigung, sich mit anderen Gemeinden und Städten zu verständigen, um gemeinsam Resolutionen zu fassen und höheren Orts vorzubringen. Damit war der Anfang gemacht, die bestehende Ordnung zu durchbrechen, und die Regierung Hannovers glaubte darin eine aufrührerische Bewegung zu erblicken. Eine am 18. Dezember erlassene Verordnung verbot den Dorfkommunen, »eigenmächtiger und willkürlicher Weise unter sich oder auch selbst mit benachbarten Städten Verbindungen und Vereinbarungen« aufzunehmen, in der Absicht, »mit Vorbeigehung ihrer vorgesetzten Obrigkeiten unmittelbare gemeinsame Vorstellungen über angebliche Belästigungen und Bedrängnisse« einzubringen. Die Behörden verfügten auch, daß »Emissäre, Kundschafter und Aufwiegler«, die in die hannoveranischen Lande einsickerten, sogleich festgenommen und verhaftet werden sollten. Das Geheime Ratskollegium in Hannover suchte die Flut der revolutionären Literatur durch ein Mandat zu hemmen, in dem es hieß:

»Es ist bekannt, daß an auswärtigen Orten Zeitungen, Wochenblätter, Journale, periodische Schriften und andere fliegende Blätter und Aufsätze nicht nur eigens zu dem Zweck, um die Meinungen und Gesinnungen von Aufwiegelungen der Untertanen, Verunglimpfungen der Obrigkeiten und Umkehrung aller bürgerlichen Ordnung zu empfehlen und auszubreiten, verfasset und ausgegeben, sondern auch überdies ungefordert und unverlangt zudringlicher Weise allenthalben herumgeschickt worden, um sie abzusetzen und recht bekannt zu machen.«

Daher wurde »zum Wohl der Untertanen« verordnet, daß die Buchhändler derartige Druckerzeugnisse nicht führen durften und sie, wenn sie ihnen zugesendet würden, der Obrigkeit einliefern sollten. Das gleiche sollte für Post- und Zeitungsexpeditionen gelten. Auch andere Untertanen sollten weder direkt noch indirekt derartige Schriften sich verschreiben.

Die Vorsteher der Celler Bürgerschaft forderten am 7. Dezember die Lüneburger Landschaft auf, von der Verwendung der Abgaben öffentliche Rechenschaft abzulegen und die Unterschiede und Vorrechte im Steuersystem aufzuheben, um »das Vertrauen des Volkes . . . zu befestigen und zu erhalten«. – Gleichheit des Besteuerungssystems, Öffentlichkeit der Kassen, Herabsetzung der Steuern und Abgaben sowie Mitspracherecht der Steuerzahler bei Verwendung öffentlicher Mittel – dies waren die Forderungen, die der Mittelstand überall zuerst gegen die absolutistischen Regierungen erhob. Da Zweck und Bestimmung der Steuern ohne öffentliche Kontrolle unbekannt waren, wurde die Monarchie der Verschwendung beschuldigt.

Auch in Westfalen rief das Erscheinen der Revolutionsarmee in Deutschland Hoffnung auf Säuberung der öffentlichen Mißstände hervor. Anfang November beschwerte sich der Magistrat von Paderborn »über die Zehnte und Pächte, so die Bürger drückten« und verlangte, die Steuerfreiheit des Adels abzuschaffen. In der Nacht zum 7. November wurde auf dem Markt von Paderborn eine Pappel als Freiheitsbaum errichtet, an der ein Zettel befestigt war: »Liebe Bürger! Schüttelt endlich euer Joch ab und schwört bei diesem Baum, frei sein zu wollen!« Der preußische Gesandte in Köln, v. Dohm, berichtete nach Berlin, daß im Hochstift Paderborn »viel Mißvergnügen unter den Untertanen« herrsche und daß man dem »Fürstbischof förmlich den Gehorsam aufgekündigt« habe.

In Köln hatte der Magistrat schon am 19. September ein Mandat erlassen, auf »demokratische Vorfälle unter der Bürgerschaft« wachsam zu sein. Mitte Oktober errichteten etwa 150 Bürger – »Menschen aus der untersten Klasse«, wie es im Bericht des kaiserlichen Residenten in Köln, v. Bossart, an den Reichsvizekanzler Fürsten v. Colloredo hieß – in einem Bierhaus einen Freiheitsbaum, um den das Volk tanzte und das Lied Ça ira sang. Die Polizei verhaftete drei Anführer und steckte sie ins Gefängnis; sie behaupteten, daß sie sich unschuldig lustig machen wollen und nicht im Sinne gehabt hätten, der französischen Freiheit zu huldigen.

Über die Stimmung der Bevölkerung in Münster berichtete v. Dohm, daß »es daselbst an einzelnen Leuten nicht fehlt, die sich durch die französischen, alle bürgerlichen Ordnung und Verhältnisse umkehrenden Grundsätze täuschen lassen und dies durch unschickliche Reden und Urteile zu erkennen gegeben haben«. »Das französische System« habe unter der niederen Geistlichkeit, »sowie auch unter den jüngeren Rechtsgelehrten und zum Teil Kaufleuten« Anhänger gefunden. Er versicherte aber dem Berliner Hof, daß »die Verirrung einzelner Menschen aus den vorgenannten Klassen auf das eigentliche Volk zu keiner Zeit den mindesten Einfluß gehabt habe«.

Tatsächlich ist festzustellen, daß die oppositionellen Kräfte fast überall unkoordiniert blieben und nicht zueinander fanden. Die traditionelle und von den Machthabern geförderte soziale Absonderung zwischen den einzelen Ständen erschwerte einen Zusammenschluß der Mißvergnügten ebenso, wie die verschiedenen politischen Verhältnisse der Teilstaaten der Verständigung der Unzufriedenen untereinander große Hindernisse in den Weg legten. Die gebildeten Demokraten blieben meist ohne Gefolgschaft im Volk, während die Energie der Unterschichten aus Mangel an geeigneter und zielbewußter politischer Führung wirkungslos verpuffte.

Unter den Bauern des Stiftes Hildesheim erneuerten sich im Herbst 1792 die Unruhen, die schon zwei Jahre zuvor ausgebrochen waren und damals zum Beginn eines langwierigen Prozesses zwischen Bauernschaft und bevorrechteten Ständen geführt hatten. Die Bauernaufruhr wurde in einem Rundschreiben des Hannoveraner Ratskollegiums auf »Verführungen aufwieglerischer Ratgeber« zurückgeführt, »welche auf eine gesetzwidrige, höchst unerlaubte Verstrickung gegen die Landstände und zugleich gegen die Landesobrigkeit hinausgehen und die ... Absicht haben, die wirkliche, rechtmäßige Landesverfassung völlig umzustürzen«.

Als der Bischof von Hildesheim am 24. Dezember, von der Aufstandsbewegung eingeschüchtert, seinen Untertanen den fünften Teil der Abgaben erließ und Klerus und Ritterschaft des geistlichen Fürstentums auf eigene alte Privilegien verzichteten, frohlockte Böhmers »Mainzer National-Zeitung«: »Fürsten, Priester und Adelige fangen an, Bürger zu werden! Die große Felsenwand, welche bisher diese, allen Naturrechten zuwieder privilegierten Stände von der arbeitenden Menschenklasse trennte, ist durch Frankreichs Heldenarm auf ewig gesprengt!«

Angesichts der Tatsache, daß sich »das Brausen und Unheilwesen vom Westen in den Norden« verbreitete, und der »beharrlichen Gärung unter dem gemeinen Volke«, riet der kaiserliche Gesandte in Hamburg den Regierungen des Niedersächsischen Kreises, »bei den dermaligen kritischen Zeitläufen ... die Untertanen aller Länder von mehreren Abgaben und Auflagen zu verschonen, weil man wohl gar den Aufstand zu gewärtigen hätte.«

Hamburg und die Französische Revolution

Besonders große Aufmerksamkeit erregten die französichen Waffenerfolge und die sie begleitende demokratische Propaganda in der von wohlhabenden Handelsherren regierten freien Reichsstadt Hamburg. Da die Hansestadt infolge der stets offen gehaltenen engen Handelsverbindungen mit dem Westen nicht wie die Reichsstädte im Süden Deutschlands verkümmert war, besaß ihre Bourgeoisie d'affaires viel bessere Kenntnis der sozialen und politischen Zustände Frankreichs als jede andere Bevölkerungsschicht in Deutschland. Die Preß- und Zensurbestimmungen wurden in der liberalen Seestadt, die etwa hunderttausend Einwohner zählte, viel milder gehandhabt als in den absolutistischen Staaten oder in den anderen Reichsstädten, die von beschränkten Patrizieroligarchien beherrscht wurden. Der Freiherr Adolph von Knigge, der demokratischen Gedanken nahestand, betonte 1790, daß die Vorzüglichkeit der Hamburger Regierungsweise darin bestand, »daß hier nicht, wie in manchen andern Reichsstädten, gewisse Familien ein vorzügliches Privilegium haben, soviel Weisheit zu besitzen, als in einer obrigkeitlichen Person wohnen muß, sondern daß Leute von Talenten, Arbeitsamkeit und anerkannter Rechtschaffenheit, ohne Unterschied ihrer Geburt dazu gewählt werden«. Eine Reihe von demokratisch gesinnten Journalisten aus anderen Teilen Deutschlands siedelte sich daher vor und während der Revolutionsepoche in Hamburg und im nahegelegenen Altona, das zu Dänemark gehörte und völlige Zensurfreiheit genoß, an.

Trotz des Kriegs hatte der Hamburger Senat im Herbst 1792 die diplomatischen Beziehungen mit der neuen Republik jenseits des Rheins nicht abgebrochen. Dies ermöglichte den Hamburger Kaufleuten, aus dem Handelsverkehr mit dem warenhungrigen Frankreich große Gewinne und

Vorteile zu ziehen. Doch »reichte dieser Grund bei weitem nicht hin, um die entschiedene Sympathie zu erklären, welche nicht nur der mittlere Bürgerstand, sondern auch die unterste, sonst in ursprünglicher derber Deutschheit fest abgeschlossene Volksklasse überwiegend für die französische Freiheit an den Tag legte. Jedermann schien zu fühlen, daß es sich dort in allen Wechseln doch schließlich um das Bürgertum handle, auf der Gegenseite aber sah man nur die Sache verbündeter Höfe; in dieser auch eine deutsch-nationale zu sehen, lag viel zu fern«.

Die Errichtung des Mainzer Klubs zog alsbald das Interesse des großbürgerlich-liberalen Kreises um Georg Heinrich Sieveking und Albert Heinrich Reimarus auf sich. Diese Persönlichkeiten standen im Mittelpunkt des geistigen und gesellschaftlichen Lebens der Hansestadt und waren seit Angebinn der Französischen Revolution ihren Ideen begeistert zugewandt. Am 6. November 1792 teilte Sophie Reimarus, Sievekings Schwiegermuter, ihrem Bruder, dem norddeutschen Aufklärer August v. Hennings, mit, daß sie Briefe aus Mainz gelesen hätte »von Leuten, die da als Bürger leben und sich vollen Herzens der zerbrochenen Ketten freuen . . . Es ist ein Klub von zweihundert Mitgliedern, die der Freiheit gehuldigt haben, der den aufnimmt, der diesen Eid schwört. Alle Gelehrten, Professoren, Männer von Kopf gehören dazu. Es geht wie ein Lauffeuer und verbreitet sich wie ein Wunder; der langsame Deutsche fängt an, zu begreifen, daß auch er es besser haben könnte«. Der »Hamburgische Unparteiische Correspondent«, der die auflagenstärkste deutsche Zeitung war, und der »Altonaische Mercurius«, der vom einfachen Volk gern gelesen wurde, berichteten ausführlich von der Errichtung des Mainzer Klubs.

In der Hansestadt residierte als französischer Gesandter der Girondist Lehoc, der mit Sieveking gut befreundet war. Lehoc feierte die Erfolge der französischen Armee Ende Oktober durch ein öffentliches opulentes Gastmahl, bei dem ein Musikkorps die Marseillaise spielte. Im Bestreben, den republikanischen Grundsätzen seines Landes förderlich zu sein, nahm er am 14. November den Jakobiner Friedrich Wilhelm von Schütz in seine Dienste, der seit Juli 1792 eine

Revolutionszeitschrift »Niedersächsicher Merkur« in Hamburg herausgab. Schütz war zu dieser Zeit Vorsitzender einer Freimaurerloge »Einigkeit und Toleranz«, die die erstrebte gesellschaftliche Gleichheit sektenhaft in kleinem Zirkel bereits verwirklichte und als erste in Deutschland auch Juden als gleichberechtigte Mitglieder aufnahm. Als Zentralfigur dieses norddeutschen Jakobinerzirkels wurde er von den preußischen und österreichischen Gesandten in Hamburg beargwöhnt und verfolgt und trat in Lehocs Dienste, um dadurch nicht mehr Hamburger, sondern französischer Gerichtsbarkeit unterworfen zu sein und seine radikalen Auffassungen ungehindert publizieren zu können. Er jubelte dem Eindringen der Franzosen in Deutschland zu, erwartete vom Erfolg der republikanischen Waffen die Beseitigung der alten Ordnung in Deutschland und hoffte auf den unaufhaltsamen Siegeszug der Revolution.

Mitte November beschloß Lehoc, in Hamburg eine klubähnliche Verbindung zu errichten, die sowohl Franzosen als auch revolutionsfreundlich gesinnte Deutsche des wohlhabenden Bürgertums umfassen sollte. Schütz, der gute Lokalkenntnis besaß, versorgte den Gesandten mit den nötigen Informationen. Beim Fehlen politischer Parteien konnte eine derartige Vereinigung liberal und demokratisch gesinnter Bürger eine wichtige öffentliche Funktion erfüllen. Allerdings mußten Lehoc und Schütz, denen nicht der Schutz französischer Waffen zur Verfügung stand, vorsichtig zu Werke gehen.

Die französisch abgefaßten Statuten des Hamburger Klubs, der den unauffälligen Namen »Société de lecture« erhielt, zeigen weitgehende Übereinstimmung mit der »Ordnung« des Mainzer Jakobinerklubs. Es ist aber auf seine andere soziale Zusammensetzung hinzuweisen. Während in Mainz die Wortführer des Klubs ausschließlich radikale Intellektuelle waren, die das einfache Volk für ihre Ideen zu gewinnen suchten, stand die Hamburger Verbindung unter der Leitung von wohlhabenden Besitzbürgern, denen extreme Anschauungen fernlagen. Der Gebrauch der französischen Sprache beweist, daß man auf Angehörige der unteren Volksschichten verzichtete und keineswegs einen Umsturz der Hamburger Verfassung plante. Die

Hamburger Geselllchaft wählte Sieveking zu ihrem Präsidenten und Lehoc zu seinem Stellvertreter. Ein Schatzmeister, drei Kommissarien und drei Sekretäre, deren Funktionen den im Mainzer Klub festgelegten ähnelten, wurden gewählt; ein bezahlter Kassierer wurde ernannt und geeignete Räumlichkeiten gemietet. Der Verlauf der wöchentlich stattfindenden Versammlungen war durch das Statut festgesetzt. Nach der Vorstellung neuer Mitglieder sollte ein Vortrag angehört und sodann eine »Conférence ou conversation« abgehalten weden. Die etwa sechzig Personen zählende Gesellschaft bildete einen Kompromiß zwischen einer bloßen Lesevereinigung und einem politischen Klub. – Die Namen von sechzehn Klubmitgliedern sind überliefert; teils waren es gutsituierte Kaufleute, teils gehörten sie der Hamburger französischen Kolonie an. Unter den radikal-demokratischen Mitgliedern befand sich der Schriftsteller Heinrich Christoph Albrecht, der auch der Freimaurerloge »Einigkeit und Toleranz« angehörte und mit Schütz sowie mit Reimarus und Sieveking gut befreundet war. Albrecht gab im November 1792 sein Hauptwerk: »Versuch über den Patriotismus« heraus, das weltbürgerliche Gesinnung mit einer Argumentation für die Errichtung einer bürgerlich-demokratischen deutschen Republik verband. Er postulierte das Recht, sich der Unterdrückung zu widersetzen, als ein unveräußerliches Naturrecht. Seine Anforderungen an das deutsche Volk, die von der Französischen Revolution gebotenen Möglichkeit zu nutzen und sich von der Unfreiheit und dem absolutistischen Joch zu befreien, stimmten weitgehend mit den Aufrufen der Mainzer Jakobiner überein. Albrecht schrieb auch zwei Verteidigungsschriften für den Freiherrn von Knigge, als dieser von einem Verfechter der alten Ordnung, dem konservativen Ritter v. Zimmermann, angegriffen wurde.

Schütz gab sein Journal während des Bestehens der Hamburger Lesegesellschaft weiter heraus und veröffentlichte einige Reden der Mainzer Jakobiner. Einige Gedichte, die in der Mainzer Presse erschienen waren, druckte der »Niedersächsische Merkur« nach. Der revolutionäre Charakter der Zeitschrift wurde durch diese Freiheitslieder akzentuiert. Diese Kampfliteratur legte von der Intensität des oppositionellen Geistes beredtes Zeugnis ab. Von volksverbundenem und patriotischem Geist durchdrungen, waren die Lieder überall in Deutschland aktuell. Der Beginn eines Gedichtes »Ein Deutscher an seine Brüder«, das nach der populären Melodie »Stimmt an den frohen Rundgesang« gesungen wurde, lautete:

»Auf, Brüder, trinkt der Freiheit Wohl
Im deutschen Vaterland!
Und jedem, der, ein freier Mann,
Tyrannenfesseln brechen kann,
Reicht brüderlich die Hand.
Und euer Schwert dem Schändlichen,
Der eure Freiheit raubt;
Reißt dem gekrönten Bösewicht,
Reißt ihm die Larve vom Gesicht,
Die Krone von dem Haupt!
Doch, Brüder, sehet, ob ihr auch
Die wahre Freiheit kennt;
Nicht Frevelgeist, nicht Raubeswut
Entstell den echten deutschen Mut,
Der nur für Wahrheit brennt.«

Aus Schütz' Zeitschrift geht hervor, daß er im November 1792 den baldigen Vorstoß der Franzosen ins nördliche Deutschland und ihren Einmarsch in Hamburg erwartete. Zweifellos hoffte er, daß er in diesem Falle als Sekretär des französischen Gesandten eine ähnliche öffentliche Funktion bekleiden würde, wie sie Böhmer bei Custine erhalten hatte. Der »Altonaische Mercurius« brachte ausführliche Berichte über den großen Einfluß Böhmers in Mainz.

Die Rückeroberung Frankfurts durch die preußischen Truppen Anfang Dezember gab den Parteigängern der alten Ordnung in Hamburg Auftrieb. Infolge der Interventionen des preußischen Gesandten, Göchhausen, der den Hamburger Senat darauf hinwies, daß die Organisationsform der Lesegesellschaft einem Jakobinerklub zum Verwechseln ähnlich sei, verstärkte sich der Druck der konservativen Kreise auf Sieveking, die Vereinigung aufzulösen. Gleichzeitig brachte die Hamburger Presse Nachrichten von den erbitterten Machtkämpfen im Pariser Konvent.

Die Hamburger Liberalen befürchteten bei einem Sieg der kleinbürgerlich-egalitären Bergpartei auch eine soziale

Rückeroberung Frankfurts durch die preußischen Truppen

Umwälzung in Deutschland und begannen, um die Sicherheit ihres Eigentums Sorge zu tragen. Sophie Reimarus, die sich Anfang November noch über die Errichtung des Mainzer Jakobinerklubs gefreut hatte, schrieb am 17. Dezember in einem Brief: »Nein, die Franzosen sind keine Nation, mit der man sich brüderlich verbinden kann; wem schaudert nicht, wenn sie einen Roland anklagen! . . . Gute Freiheit, warum bist du nicht in andere Hände gefallen! . . . In England . . . werden sie die alte Constitution lieber behalten, als mit Gefahr ihres Wohlstands eine neue errichten wollen . . .«.

Da sich die Hamburger Liberalen schon vor der Hinrichtung des Königs von der Befürwortung der Revolution zurückzuziehen begannen, war der Lesegesellschaft kein langes Leben beschieden. Sieveking löste die Vereinigung Ende Dezember 1792 auf. Gleichzeitig verbot der Hamburger Senat auch das Blatt von Schütz. Der revolutionäre Demokrat änderte daraufhin den Titel seines Journals, gab es als »Neuer Proteus« weiter heraus, und trat auch nach der Hinrichtung Ludwigs XVI. im Januar entschieden für die Durchsetzung jakobinischer Prinzipien ein.

In Norddeutschland konstituierten sich im November 1792 auch Geheimklubs, die sich aus Plebejern rekrutierten und infolge ihrer anderen sozialen Zusammensetzung weitergesteckte Ziele als die großbürgerliche Hamburger Lesegesellschaft verfolgten. In Kiel entstand ein revolutionärer Zirkel, der sich »Patriotischer Klub« nannte und etwa zweihundert Personen umfaßte. Der Klub hielt eine Reihe von stürmischen Versammlungen ab, bei denen über verschiedene Mißstände geklagt wurde. Das Elend der Plebejer, von denen viele in Kellerlöchern hausten, stieg ins Ungemessene, da die gewaltigen Warenlieferungen aus dem dänischen Holstein an Frankreich und an die preußische und österreichische Armee eine starke Teuerung mit sich brachten. Bei den Sitzungen des Kieler »Patriotischen Klubs« las man die Freiheitsgedichte des »Niedersächsischen Merkur« von Schütz laut vor, »um sich Erleichterung und Luft zu verschaffen«. Die Kieler »Patrioten« forderten zur Verbesserung ihrer wirtschaftlichen Lage die Aufhebung oder wenigstens Ermäßigung der hohen Steuern, die die Bevölkerung als besonders drückend empfand. »Wir sind alle Glieder eines Staatskörpers«, meinte man im Klub, »alle müssen wir zu dessen Wohl beitragen. Aber sehr unbillig ist es, wenn nur der unteren Klasse im Volk, dem armen Teile, alle Lasten aufgebürdet werden ... Sollen die armen Klassen des Volkes ... von dem Genuß der Stadtvorteile allein ausgeschlossen sein, so müssen sie auch von allen Abgaben befreit sein.«

Obwohl die dänischen Behörden, die die Gärung mit Besorgnis sahen, den einen oder anderen durch Versprechungen bewegen konnten, dem Klub fernzubleiben, kamen immer neue Mitglieder dazu. »Wo einer wegblieb, kamen zehn andere an dessen Stelle.« Beim Singen der Freiheitslieder stellten sich die Kieler Patrioten die Frage, »ob nur die Leute im Norden die Sklaven ihrer Oberen« bleiben müßten.

Der Klub setzte Petitionen an die Statthalterschaft von Holstein auf, in denen er die Abschaffung der drückenden Abgaben sowie die Verteilung der Gemeindeländereien der Stadt Kiel an die Mittellosen forderte, um der Not abzuhelfen. Allerdings vermochten es die Kieler Plebejer nicht, ihre wirtschaftlichen Forderungen mit politischen zu verbinden, da beim Mangel einer geeigneten Führung (die aus gebildeten Demokraten hätte bestehen müssen) ihr Horizont beschränkt blieb. Es gelang den Behörden, sie durch unbestimmte Zusagen hinzuhalten. Seit Mitte Februar 1793 verstummen die Nachrichten vom Kieler Klub.

Der Altonaer Jakobinerklub und seine Flugblätter

In Altona entstand im November 1792 ein plebejisches Jakobinerkonventikel, das 22 Mitglieder umfaßte. Diese Verbindung nannte sich in Anlehnung an den Mainzer Klub »Rechtmäßiger Jakobinerklub echter Republikaner zu Altona, Brüder der Freiheit und Gleichheit«. Die politische Aktivität dieses Klubs bestand darin, daß seine Mitglieder nachts an verschiedenen Gebäuden der Stadt handgeschriebene, anonyme Flugblätter befestigten, in denen sie ihre Mitbürger nicht nur zum Kampf gegen soziale und wirtschaftliche Übelstände, sondern auch zum Sturz der dänischen Monarchie aufriefen.

Die Flugblätter des Altonaer Klubs tragen an der Spitze Papierkokarden in den Farben der Trikolore. Auf einer der Kokarden findet sich die Inschrift »Freyheit oder Mordt und Todt«, was eine abgewandelte und blutrünstig vergröberte Formulierung des Mainzer Eidschwurs »La liberté ou la mort« — Freiheit oder Tod — sein dürfte. Die Altonaer Jakobiner, die kein Französisch beherrschten, hielten offenbar das Wort »mort« für des deutsche Wort »Mord« und fügten die richtige Übersetzung »Tod« hinzu. In den hier folgenden Wiedergaben der handschriftlichen Flugblätter ist ihre Schreibweise unverändert beibehalten.

1. Flugblatt

Freyheit
oder
Mordt
und
Todt.

Einwohner Holsteins, Dännemark und Norrwegens-land, ihr zusammen macht ia eigentlich denn Staatskörper aus, und seid desfals mit allem rcht *die Souveraine Nation,* seid daher nicht länger so unvernünftig, diesen *euren Vorrang* einen ohnmächtigen Mann [der sich König *in User Land* nennt] zulaßen, nehmet *Euer Recht* von den elenden kurzsichtigen zurük, weils ihm nicht dienlich ist, vielweniger zukömt, und betrachtet ihn so, wie wir ihn umstehend geschildert, einfältiglich, abr der Warheit gemäß.

Mitbürger, Brüder, Freunde! stehet still und leset mit Bedacht folgendes so werden eure Augen aufgethan.

Der in Unser Land gegenwärtig noch vorhandene sich nennende König, der sich bis jtzt de Macht anmaßet und sich einbildet *Uns* die Eigenthümer und Bewohner Unsers Landes durch sein Allmächtig dünkendes Wort noch ferner regiren zukönnen, weil *Wir* bisher dummgenug waren, *ihm* zu gehorchen, wen *er* nur schnaubte oder durch Bewegung etwas wähnte:

Mitbürger, Brüder, Freunde! werdet, als Menschen die Vernunft haben doch jtzt klüger, wachet aus euren Schlaf gegenwärtig auf, und betrachtet denn *in Unser Land* noch vorhandenen *König* accurat so, wie daß im Mercur[1] am Freytag den 9ten November a. c. von Paries vom 29ten October verglichene *Barthaar*[2]*, so werdet jhr ganß richtig befinden daß er in Unser Land* nichts weiter und kaum soviel ist als ein solches *Barthaar,* welches doch bisher nur immer zu *Uns* sagte gebt *Zoll,* gebt *Kopfsteuer,* gebt *»¼tel Procentsteuer,* gebt *Vermögensteuer,* komt, *das Lottozufrohnen,* gebt *Brandsteuer,* und endlich - gebt *Contribution:* alles solches Teuflisches Befehlen gehorchten *Wir* bisher, welches diese eine befehlende *Barthaar* ununterbrochen wohlgefiel. Aber durch Unser stetes *dummes Gehorchen und Hingeben,* luden wir Uns *entsetzliche Lasten* auf, die *Uns Mark und Bein* ausleeren, und das * *B a r t h a a r*[3] mit seinen * *Abschaum,* war bisher nicht allein verwegen genug, alles, was *Wir* von unsern Schweiß darbrachten zuverschlingen, sondern sagte noch neulich ganz trotzig in ein *Unsinnig Plakaat* gebt mir *Vier Procent* v o n e u r e g e e r b t e n G ü t e r , u:s:w:

Die Erfahrung mache Uns also auch Weiser, Komt Mitbürger![4] laßt uns auf unsere Huth sein, denn *dieses b e f e h l e n d e B a r t h a a r* in *Unser Land,* ist so wie in Frankreich auch nur ein kurzsichtiger ohnmächtiger M e n s c h e n s c h e i n , komt! laßt Uns *das Barthaar* so* *König heist* bis auf'm Grund außreißen, so ist *es* zusamt sein * *Abschaum* auf ewig zertrümert, und auß'm Wege: Wir sind dann Unsrer Lasten entladen, leben für ein *b i l l i g e s G e l d* welches *W i r* zum Wohl *Unsers Landes* hergeben in Unsern Wohnungen bey Unsern Familien vergnügt und zufrieden, indem *k e i n B a r t h a a r d a ß K ö n i g h i e ß* mehr in *Unser Land* vorhanden ist, auch kein Erbrecht mehr darin hat, noch je darin hatte sondern solches sich darin nur anmaßte.

Wir können alsdenn durch eine *R e p r ä s e n t a n t i s c h e R e g i e r u n g* die aus denn klügsten von *Unsers Landes*-Bewohner aufgestellt wird als eine *f r e y e N a t i o n* ebenso mit dem goldenen Segen d e r Z u f r i d e n h e i t gekrönt in *Unser Land* leben, als die *schätzbahren Amerikaner,* die schon längst in der besten Ruhe und Ordnung *f ü r d e n 6 0 s t e n T h e i l v o n A u s g a b e n* gegen die Unsrigen den reichsten Seegen ihrer ergiebigen freyen Länder genießen, da doch ihr Land 12 Mahl größer ist als daß Unsere, welches Jhr selbst überrechnen könnt, wenn ihr mit Bedacht leset, das Buch, betitelt die *R e c h t e d e s M e n s c h e n .*[5]

Notabene

Mitbürger, Brüder, Freunde! Versäumet keinen Augenblick, diesen hier euch vorgeschlagenen Plan mit Ausreißung des euch so lästigen Barthaars auszuführen, denn *j t z t i s t d e r w a a r e Z e i t p u n c t* da, jhr könnts ia selbst mit euren Augen sehen an das *edle Franken-Volk,* wie

es nächst denn guten Amerikanern alle Monarchische Bande *Euch zum Beispiel* zerrißen hat.
Gegeben im Jacobinerclub, echter Republicaner zu Altona, im November 1792.
Z:N:
Mitbürger, Brüder, Freunde! glaubt sicher, Wir, die wir uns mit recht echt Jacobiner nennen, weil wir würklich *Unser* Land [:darin jhr und wir zusamen gemeinschaftlich wohnen:] als *Unser Vaterland* lieben, darum können wir nicht umhin *[6] [:weil wir sämtlich sehen, daß *die Natürliche Freyheit,* so dem *Naturgesetze nach in Unser Land* herschen solte, *durch die verdamte Inquisition des Zolls,* des *Lottos,* der *Kopfsteuer,* der *»¼tel Procentsteur,* der *Brandsteuer,* und *der Contribution* etc: zu sehr *den Zwang* des *verfluchten Bannstrahls* unterligt, der *Uns* alle noch *übrigen Kräfte* durch ihre Inquisitoren[7] zu rauben drohet:]* Euch nochmahl zu zurufen, das es jtzt sehr nothwendig und hohe Zeit ist, *auch Eiserne Nothwendigkeit das wir sämtlich aufstehen, die Monarchie des Uns bisher Quälenden Barthars* nach umstehenden Plan zuvertilgen, und Uns dafür einen *gesetzmäßigen Jacobiner National Convent* zu errichten so wird *die verdamte* vorerwänte *Inquisition* des *Zolles,* des *Lottos,* der *Kopfsteuer* etc: auf ewig vom *Höllenpfuhl* verschlungen sein, und *Wir* als *freye Menschen und Bürger,* geben sodann bereitwillig zur Erhaltung *Unserer freien Republik,* Mann für Mann *eine billige Contribution mit den grösten Vergnügen:* welches vernünftig und weit beßer gehandelt ist, als länger noch *ein töricht Barthaar* das König heist zu frohnen, ohne zu wissen wofür man seine Gelder hingibt, an solch *Barthaar,* das aus voller aufgeblasen sich angemaßten stoltz noch niemals Rechnung abgelegt hat an *Uns die Souveraine Nation.*

1 Gemeint ist der »Altonaische Mercurius« vom 9. November 1792 (Nr. 180, S. 2498/99), der ein »Schreiben aus Paris vom 29. Oktober« enthält.
2 Mit dem Wort *Barthaar* ist der dänische König Christian VII. gemeint. Der Ausdruck ist dem erwähnten »Schreiben aus Paris« des »Altonaischen Mercurius« entnommen, in dem es heißt: Marat ist das Barthaar der Republik. Er sagt, haut die Generäle ab, welche den Feind vertreiben; haut

den Konvent ab, der Gesetze macht; haut den Minister ab, der sie in Gang bringt; haut alles ab, nur mich nicht. – Die Erfahrung mache euch also weiser.«

Die Altonaer Jakobiner lasen aus diesem Gleichnis nicht den Angriff gegen die französischen Extremisten heraus, sondern setzten König Christian VII. als Barthaar an die Stelle Marats, offenbar weil der plastische Vergleich an ihre Einbildungskraft appellierte.

3 Die Sterne vor den Worten Barthaar, König und Abschaum beziehen sich auf eine Randbemerkung neben den Zeilen, nämlich auf »König, Minister und Adel mit Stern, Schlüssel und sonstigen Torheiten geziert.«

4 Dieser Satz bezieht sich auf den oben zitierten letzten Satz des Zeitungsberichts: »Die Erfahrung mache euch also weiser.«

5 Diese Stelle des Flugblatts bezieht sich auf eine Bemerkung im Werk Thomas Paines: »Die Rechte des Menschen«. Sie lautet: »In Amerika wird die Regierung über ein zehnmal so großes Land, wie England ist, in bester Ordnung für den vierzigsten Teil der Kosten geführt, welche die Regierung in England erfordert.« (zitiert nach der 2. Auflage, Kopenhagen 1793, S. 155).

Die Berechnung der Altonaer Jakobiner stützte sich offenbar auf die Annahme, daß die Staatsausgaben Dänemarks und Englands gleich hoch seien und daß Dänemark vier Fünftel der Fläche Englands einnehme.

6 Die beiden Sterne sollen den Satz, der durch die lange, in Klammern gesetzte Parenthese zwischen diesen beiden Zeilen unterbrochen wurde, miteinander verbinden.

7 Der Ausdruck »Inquisitoren« bezieht sich auf die am Rand eingefügte Randbemerkung »Rathspersonage«, also die Behörden.

2. Flugblatt

Freyheit und Gleichheit!
sind der Menschen Ursprüngliche Rechte! und daher hat kein König das Vorrecht, das er ein öffentlich Landesschädlich Hasardspiel für seinen Proper im Lande hält weil er für des Landes Ruyn haften muß: indem er für dessen Wohl zu sorgen einen Eyd geleistet etc:

Dieses Haus, ist einer der drey Inquisitions und Mordt-Tempel *Unsers Landes,* darin sich täglich zum allgemeinen *Unglük* und *gänßlichen Verderben* der Nation *(unter Christians 7 Befehl)* eine große Horde aus der Fremde zusamengelaufene Spitzbuben versamelt, die mit reißender Wolfsbegierde durch die *Lottopest Unser Land für sich* und die *Hofdiebe* dermaßen *Pfoltern* und *auszehren,* das es von Zeit zu Zeit *Ohnmächtig und Geldleer* da stehet, so, daß jeder Einwohner *Unsers*

Landes [außer die Horde *dieser Spitzbuben*] seufzen muß, o! womit soll man etwas zum Lebensunterhalt verdienen, o! welche schlechte Zeiten, weil *Lottopest* alles Geld verschlinget.
Nation! Volk Unsers Landes! Mitbrüder! höret! *als echte Brüder der Freyheit* und *Gleichheit* rahten wir Euch, leget Hand ans Werk, reißet diese *Bastillen* nieder, so hat nicht allein *diese Pest,* sondern auch die des *Zolls,* der *Kopfsteuer* etc ein Ende, und gute *glükvolle Zeiten* kehren sodan gewiß wieder ein in *Unseren Lande.*

Gegeben im Jakobinerklub zu Altona, Anno 1792. Ultimo December.

3. Flugblatt

Freyheit und Gleichheit, sind der Menschen Ursprüngliche Rechte! und eben darum kann kein König das Vorrecht haben, ein Landesschädlich Hasardspiel für seinen Proper zu halten etc.
Dieses Gerüst, ist eins der drey Inquisitionsschaffotte *Unsers Landes,* darauf sich alle 14 Tage zum allgemeinen *Unglük* und gänßlichen *Verderben* der Nation der *general Auszug* der aus der Fremde zusammen gelauffenen *Spitzbuben* versamelt, die unter *Pauken* und *Trompetenschall,* durch die Inquisitions volle Lottopest, *Unser Land,* für sich, und *sämtliche Hofdiebe* dermassen Pfoltern, und auszehren, daß es von Zeit zu Zeit *Ohnmächtig* und *Geldleer* da stehet: Bewohner und Bürger des Landes, sind [außer diese Lottopest verwaltende Horde Spitzbuben] gezwungen zu seufzen, *o! welche schlechte Zeiten!* womit soll man etwas zum Lebens Unterhalt verdienen! weil die *Lottopest* alles Geld verschlingt! ---
Nation! Volk Unsers Landes! Mitbrüder!
Wir, die *Freyheit* und *Gleichheit* liebenden *Jacobiner,* rahten Euch, daß Jhr mit uns auftretet denn *noch seienden*

König in Unser Land zu sagen, *höre und vernimm O König!* wenn du noch länger so handelst, Uns mit diese Pest und andre ihr gleichkomende zu quälen, so bist Du *völlig Meineidig,* denn wisse, das deine Vorfahren und *auch Du, beym Regierungs-Antritt* feyerlich *beschworest, der Nation Wohl* und nicht ihren *Untergang* zu suchen: Bisher ist leider der *Untergang* Unsers Staats-körpers Auf Deine Befehle mehr den zu augenscheinlich befördert, *bekehre dich O König balde,* und lerne einsehen, daß *du* nur *ein Mensch* bist, der von eine *edle Nation* darum nicht erhöhet ward, daß Du sie *durch allerley despotisch befohlne Auflagen* zur Danksagung *Quälen* solst, Nein! König, schaffe eiligst *alle Plagen* die wir dir neulich anderweitig kundgethan *von uns weg,* so leistest du *deinem Eide* so du schwurest einigermaßen genüge, die Nation gedenkt sodann das Vergangene nicht, und wird *dich schätzen,* im Weigerungsfall aber *Dich Verachten.*
Mit Patriotischer Bewilligung des Jacobiner-Clubs, zur *Zweitenmaligen Warnung* des noch seienden *Königs,* angeheftet, dn Primo Januar 1793, zu Altona.

4. Flugblatt

Freyheit und Gleichheit! sind der Menschen ursprüngliche Rechte! Also, ihr Despoten, drohet gute das allgemeine Wohl wünschende Bürger nicht mit die Sclaven-Karre, oder etc.
Du elender Tropf!
Du Praesident *Stemann,* hat dich erkühnt zu sagen, woltst die Thäter, der, den 3ten angeheften *Freyheitsschrift* in *Karre* schicken [wen sie habhaft würdest] - Armer Schelm! was sollen sie da machen? sie sind *nützliche Bürger!* die durch ihre Arbeit mit ihre Mitbrüder den *Staatskörper Unsers* Landes vervollkommen, wen wir also nach der *Karre* geschickt würden, würde der Staat gewiß um *22 ganß nützliche Bürger* und *Staats Mitglieder* geschwächt, es ist beßer das *Du* in die *Karre* gehest, weil du uns ganß über-

flüssig bist, dir wird solch *G e w a n d* auch am besten kleiden, weil du schon einen weißen Karrenriemen trägst, dazu auch noch mit das Geckzeichen eines * gezieret bist, hast *du* aber nicht Lust dazu, so rathen wir dich, werde bey Zeiten ein guter *bürgerlich gesinnter Mann,* ehe sich die *Sache der Freyheit* völlig für Uns entwickelt, den jtzt ligt *sie* schon in starker Gährung. - wirst du nun Unsern *guten Rath* nicht beyzeiten folgen, so glaube, daß *zur Zeit der Reife* der Sache *der Freyheit* die erste Laterne die Beste, zu deine Bewillkommung bereit seyn soll.
Zu deiner Nachricht gegeben in unsere Republicanisch gesinten Jacobiner-Club hieselbst zu Altona 1792. Ultimo December.

5. Flugblatt[1]

»... Noch bis jetzt heißender König in Dänemark, Norwegen etc.: höre und vernimm, daß *wir die Hollsteiner,* die *Dänen* und *Norweger* den Staatskörper ausmachen, mithin die *Souveraine Nation* sind! Enthalte dich daher von heute des Titels *Souverain* - und gib in guten Gehör, alle daß, was dir hier gesagt ist, und erfülle es baldigst, oder sihe zuspät ein, was *Wir* thun werden. Daß Du unverzüglich den Scandaleusen verderblichen *Zoll* aus *unser Land* gänßlich verbannest, so werden die unzählig vielen *Saugigel*[2] die uns *so lästigen Ungeheuer* des Uns *gehörenden Landes,* zur Arbeit zurückgeführet sein, und dieses ihnen nützliche Mittel wird diese schädlichen Thiere zu nützliche Mitglieder umbilden, die *Unsern National-Schatz* mit verbeßern müßen, statt sie denselben unter *Einer üblen Aufsicht* unter allerley *despotischen* Vorwand arglistig bestehlen.«

[1] Dem Aufsatz von Josef Gierlinger: »Der Jakobinerklub von Altona. Zeitbilder aus den Jahren 1790-1793«, Altonaer Nachrichten 23. und 24. März 1928, entnommen.

[2] Unter dem Ausdruck »Saugigel« sind die Zöllner gemeint, die den Zoll teilweise willkürlich überhöhten und in die eigene Tasche wirtschafteten. Der Zoll stellte in den feudalbürokratischen Staaten des 18. Jahrhunderts das persönliche Einkommen eines Privilegierten dar, der eine festgesetzte Summe an den Staat ablieferte.

Gierlinger berichtet, ohne wörtlich zu zitieren, daß die andern verlorengegangenen Flugblätter die Aufhebung der »Lottopest«, der viertelprozentigen oder sogenannten Königssteuer und der Kopfsteuer forderten; außerdem verlangten die Jakobiner eine Rationalisierung des Beamtenapparats, Verbannung des Adels, wodurch die Leibeigenschaft ihr Ende fände, sowie eine nach französischem Muster zu errichtende Verfassung. Der König wurde zur Erfüllung dieser Wünsche aufgerufen.

Die Flugblätter sind der Ausdruck demokratischer Gesinnung einfacher Menschen; ihre Forderungen laufen darauf hinaus, ihre Herrscher selbst zu wählen, um ihre ökonomischen Lebensbedingungen zu verbessern.

Die Altonaer Jakobiner nahmen in ihrem Flugblatt vom 3. Dezember 1792 das vom französischen Konvent am 19. November ausdrücklich verkündete Selbstbestimmungsrecht der Völker in Anspruch. Sie forderten ihre Mitbürger auf, das Beispiel nachzuahmen, das das »edle Frankenvolk« gegeben habe, indem es die Republik proklamiert und »die monarchischen Bande zerrissen« habe. – Jedoch wollten sich die norddeutschen plebejischen Revolutionäre nicht auf die Befreiung seitens der Franzosen verlassen. Sie riefen dazu auf, »sämtlich aufzustehen«, da der »wahre Zeitpunkt« zur Revolution gekommen sei, die »Sache der Freiheit . . . schon in starker Gärung« liege und sich völlig für sie entwickle. Die Altonaer Jakobiner verstanden es, ihre politischen Forderungen mit wirtschaftlichen zu verbinden. Obwohl sie die Aufhebung einer langen Reihe von Steuern forderten, wandten sie sich nicht prinzipiell gegen Steuerzahlung, sondern betonten, daß sie nach Abschaffung der Monarchie bereit seien, »Mann für Mann eine billige Kontribution mit dem größten Vergnügen« zu leisten. Dieses Geld werde eine Republik »zum Wohle des Landes« verwenden.

Die Flugblätter weisen eine Fülle von religiösen Ausdrücken auf, die für die Vorstellungswelt des kirchlich erzogenen einfachen Volkes kennzeichnend sind. Für die Masse war das politische Erlebnis der Revolution gleichzeitig ein religiöses, da sie für ihre Vorstellungen keine anderen Kategorien hatte, um es zu erfassen. Die Hoffnungen auf die Errichtung einer Ordnung der Gleichheit, Freiheit und Gerechtigkeit vermengten sich mit religiösen Vorstellungen auch bei den Altonaer Plebejern, obwohl deren politische Postulate – vielleicht infolge der Anwesenheit von Gebildeten in ihrem Zirkel – eindeutig und scharf formuliert waren.

Zur Rechtfertigung ihrer Forderungen beriefen sich die Flugblattverfasser auf die natürliche Freiheit des Naturgesetzes. Auf der Grundlage des Naturrechts ließ sich gewaltsamer Widerstand gegen die etablierte Herrschaft nur aus der Kontinuität des alten und zugleich ewigen Rechts, eben als die Restauration und Regeneration einer bloß durch die Königswillkür unterbrochenen Rechtstradition, legitimieren. Die Jakobiner entnahmen ihre naturrechtlichen Argumente aus dem Werk Thomas Paines »Die Rechte des Menschen«, das in den Flugblättern ausdrücklich erwähnt wird.

Das geistige Mündigwerden von Teilen der unteren Volksschichten zeigte sich darin, daß sie selbst ihre Anliegen zu formulieren begannen und vor der Öffentlichkeit das Wort ergriffen. Da sie im Gegensatz zu den gebildeten Demokraten keine Zeitschrift besaßen, waren sie auf die primitive Methode der handschriftlichen Aufrufe angewiesen. Die plebejischen Revolutionäre empfanden die Notwendigkeit, die Postulate des »Niedersächsischen Merkur«, den sie in den Wein- und Bierschenken eifrig lasen, in die Sprache des Volkes zu übertragen. Aus den Flugblättern schallt der Schrei des unterdrückten und geschundenen Volkes: »O! womit soll man etwas zum Lebensunterhalt verdienen! O! welch schlechte Zeiten.«

Die niederen Volksschichten, die teilweise noch innerhalb der alten patriarchalischen Verbände standen, teilweise schon als Arbeiterschaft im modernen Sinne anzusehen waren, hatten nicht nur wenig Berührung mit den demokratischen Intellektuellen, sondern besaßen auch weder sozial noch bewußtseinsmäßig einen einheitlichen Standard. Sie blieben den Eigentumsbegriffen der bürgerlichen Demokraten verhaftet; von einem proletarischen Klassenbewußtsein war noch keine Rede. Die Pamphlete der

Altonaer Plebejer beweisen jedoch, daß ihre politische Erkenntnis eine im Vergleich zu anderen Gegenden Deutschlands beachtliche Höhe erreichte. Dies ist auf den Beginn der industriellen Revolution zurückzuführen, die mit der Errichtung von Werften, Spinnereien, Textilfabriken, tabakverarbeitenden Betrieben und anderen Unternehmungen in Hamburg und Altona bereits eingesetzt hatte. Lag die Produktion in anderen Teilen Deutschlands noch vorwiegend beim Zunfthandwerk, das den Revolutionsideen feindlich gegenüberstand, so hatte die kapitalistische Entwicklung in den mit dem Weltmarkt verbundenen Seestädten bereits Fortschritte gemacht. Zahlreiche Arbeiter und unzünftige »Pfuscher« waren beim Fehlen jeder Arbeitsgesetzgebung und jedes gewerkschaftlichen Schutzes Umsturzgedanken viel mehr aufgeschlossen als die in Gilden und Korporationen vereinigten Handwerker, die an ihren Standesprivilegien festhielten. Auch viele mittellose Handwerksburschen, die infolge des den Gesellen vorgeschriebenen Wanderzwanges die Vorgänge in Frankreich oft aus eigenem Erleben kannten und infolge der versteinerten Zunftgesetzgebung niemals hoffen konnten, Meister zu werden, gehörten zu den Trägern der revolutionären Idee in Deutschland.

Die Mitglieder des Altonaer Jakobinerklubs blieben trotz eifriger Nachforschungen durch die Behörden im Schatten der Anonymität und wurden nie entdeckt. Es ist aber nachzuweisen, daß sie mit ihren Gesinnungsfreunden in Hamburg Verbindung hatten. Einer der Jakobiner Altonas war ein gewisser Rosentreter, der mit dem französischen Gesandten Lehoc bekannt war. Auf Veranlassung der Hamburger und Altonaer Jakobiner begab sich Rosentreter etwa Ende November 1792 nach Berlin, um dort mit demokratischen Zirkeln Verbindung anzuknüpfen.

Unter den Demokraten, die damals in Berlin tätig waren, ist der aus Hamburg gebürtige frühere Privatdozent der Göttinger Universität Heinrich Würzer zu erwähnen, der eine Privatschule leitete. Würzer war schon Ende 1788 wegen seiner scharfen Angriffe gegen das damals erlassene Zensuredikt Friedrich Wilhelms II., das eine freie Presse in Preußen unmöglich machte, zu einer Gefängnisstrafe verurteilt worden. Ende 1792 schrieb Würzer einen »Revolutions-Katechismus«, in dem er betonte, daß er in der französischen Umwälzung ein Muster der politischen Umgestaltung Deutschlands sah, und energisch gegen das Dunkelmännertum und die Günstlingswirtschaft am preußischen Hof Stellung nahm.

In Berlin war schon im Oktober 1792 eine Anzahl Flugblätter mit folgendem Inhalt verbreitet worden:

»Aufforderung an die Einwohner von Berlin.

Brave Bürger! Ihr schlaft und die Tyrannei schwebt über euren Köpfen. Eure Schätze sind zerstreut, eure Heere streiten wider die Freiheit, um euch in die Sklaverei desto gewisser zu werfen. Nach einem schimpflichen Kriege, wenn er schon einen glücklichen Ausgang nehmen sollte, würdet ihr genötigt sein, drückende Auflagen zu ertragen, euren Schweiß zu verschwenden, um zu den Ausgaben der wollüstigen Frauenzimmer eures Beherrschers beizutragen. Der Augenblick ist vorhanden, benutzt denselben, aber ohne Ausschweifung, ohne Laster. Euer Wille muß sich durch Gewalt offenbaren, durch Nachdruck, aber mit einer Gelassenheit, die nur Gerechtigkeit und Mut geben kann. Befehlet, daß dieser ungerechte Krieg ein Ende nehme, daß die Ordnung in euren Finanzen wiederhergestellt werde, daß das Volk für den wahren Souverän erkannt werde, daß der Unterschied zwischen den Ständen aufhöre, welcher uns herabwürdigt, und daß der Mensch in seine ursprüngliche Würde zurückkehre, welche nur durch die Frechheit des Tyrannen zu sein aufgehört hat; daß diejenigen, welche das Vaterland, die Ehre und die Menschheit lieben, sich miteinander auf den 31. Oktober erheben. Ehre sei der Freiheit, der Gleichheit, der Einigkeit und der Tugend.«

In den folgenden Wochen wurden noch zweimal gedruckte Flugblätter verbreitet, die sich an die Bürger und an die Berliner Garnison wandten. Obwohl der Polizeileutnant Eisenhart Nachforschungen anstellte, waren die Flugblattverfasser nicht ausfindig zu machen. Der Ausmarsch einiger neuer preußischer Regimenter an die Rheinfront verstärkte die Unzufriedenheit in Berlin; es kam zu einem Auflauf am Schönhauser Tor, bei dem Heumagazine für das Heer in Brand gesteckt wurden und die Menge in Freiheits- und Gleichheitsrufe ausbrach.

Der Altonaer Jakobiner Rosentreter, der etwa Anfang Dezember in Berlin eintraf, hatte angeblich von seinen Gesinnungsfreunden größere Summen mitbekommen, um in Berlin revolutionäre Agitation zu betreiben. Es ist möglich, daß er mit Würzer in Verbindung trat. Er »schlich sich in Berlin in einige Häuser ein, spürte die Gesinnungen der Leute aus und suchte ihnen die seinigen beizubringen«. Allem Anschein nach nahm er mit Angehörigen der unteren Volksklassen Fühlung und berichtete darüber nach Hamburg und Altona. Seine Briefe wurden von der preußischen Polizei aufgebrochen, und er wurde daraufhin Ende Dezember 1792 verhaftet.

Aus den Briefen ging angeblich hervor, daß Rosentreter »Komplotte in französischer Manier« geplant hatte. Beim Verhör vor dem Berliner Untersuchungsrichter Cavan stellte sich heraus, daß der Name Rosentreter angenommen war und daß er in Wirklichkeit Gustav Friedrich Heiligenstedt hieß; er hatte Theologie studiert, und sein Vater war Prediger in Quedlinburg. Es ergab sich auch, daß er mit dem Mainzer Jakobiner Georg Wedekind in Verbindung stand. Heiligenstedt leugnete, daß er zum Zweck der Volksaufwieglung nach Berlin gekommen war, mußte aber an Hand der aufgebrochenen und bei ihm aufgefundenen Briefe seine Verbindung mit Lehoc und anderen Hamburger Jakobinern einräumen. Vor der Verhaftung war es ihm gelungen, die wichtigsten Papiere, die ihn belasten konnten, zu verbrennen.

Korrespondenz zwischen dem Mainzer Klub und den »frères de Hambourg et d'Altona« ist nachgewiesen. Es ist nicht ausgeschlossen, wenn auch heute nicht mehr zu beweisen, daß Heiligenstedt auf Veranlassung von Wedekind – der im Dezember 1792 Präsident des Mainzer Jakobinerklubs war – in Berlin Agitation zu betreiben versuchte.

Die Hamburger und Altonaer Jakobiner bemühten sich, die Freilassung Heiligenstedts aus der Berliner Stadtvogtei, in die er eingeliefert worden war, zu erreichen. Ein mit ihm befreundeter Arzt aus Altona, der dem Jakobinerkreis angehört zu haben scheint, Dr. F. C. Heimann, begab sich nach Mainz, um mit Mitgliedern des dortigen Klubs zu beraten, welcher Druck auf die preußischen Behörden ausgeübt werden könne, um die Freilassung Heiligenstedts zu erwirken. Heimann nahm am 3. Januar 1793 die Gespräche in Mainz auf. Der jakobinisch gesinnte Hamburger jüdische Bankier Elias Israel, der Mitglied in der Freimaurerloge »Einigkeit und Toleranz« von Schütz war und die französische Staatsbürgerschaft angenommen hatte, erklärte sich angeblich bereit, tausend Taler als Bestechungsgeld auszugeben, um Heiligenstedt freizubekommen.

Heiligenstedt war eine Zeitlang in der Zitadelle von Spandau eingekerkert und kehrte nach Verbüßung seiner Haft 1795 nach Altona zurück. – Würzer mußte Anfang 1793, nachdem seine Schule von den preußischen Behörden geschlossen worden war, Berlin verlassen und kehrte nach Hamburg zurück. Er nahm dort den Posten eines Leiters der von der jüdisch-christlichen Freimaurerloge begründeten Schule an, blieb mit Schütz in Verbindung und gab in den nächsten Jahren noch einige jakobinische Wochenschriften heraus. Seine Schule bestand bis 1808.

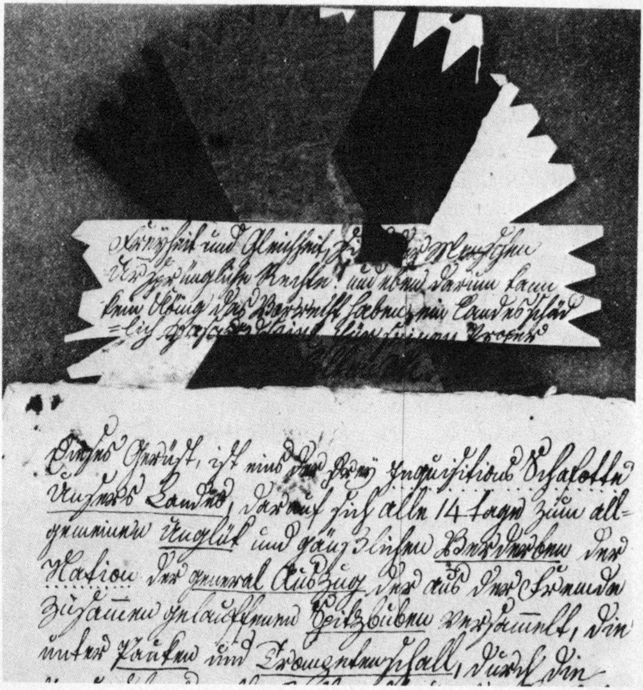

Die Wiener Jakobinerbewegung

Die Aufklärungsbewegung setzte in Österreich etwas später als im übrigen deutschen Sprachraum ein und gewann seit dem Regierungsantritt Kaiser Josephs II. an Impetus und politischer Bedeutung. Das Zensurdekret vom Februar 1781, das eine weitgehende Pressefreiheit verkündete, übte auf die österreichische und besonders auf die Wiener Literatur stärkste Wirkung aus. Innerhalb weniger Jahre entwickelte sich in der »josephinischen« Intellektuellenbewegung ein radikaler, demokratisch gesinnter Flügel, der die von der Kirche sanktionierte hierarchische Privilegienordnung negierte und den Herrscher in mehr oder weniger direkter Form aufforderte, seine unbeschränkten Befugnisse aufzugeben und einen durch den Volkswillen legitimierten Verfassungsstaat zu errichten. Joseph II., der auf die absolutistische Regierungsform keineswegs zu verzichten bereit war und den Staat hauptsächlich reformierte und modernisierte, um seine weitausgreifenden außenpolitischen Ziele besser verfolgen zu können, erkannte, daß die Interessen der von ihm ursprünglich geförderten bürgerlichen Intellektuellen mit seinen Prinzipien und Zwecken kollidierten. Er zog daher schon seit 1785 einige seiner Reformen zurück und enttäuschte damit seine Anhänger. Die liberalen und konstitutionell gesinnten »Josephiner« bestürmten den Kaiser, den mittelalterlichen Ballast, der das politische Leben Österreichs erstickte, über Bord zu werfen; auf der anderen Seite des gesellschaftlichen Spektrums opponierte der grundbesitzende Adel, der seine traditionellen Privilegien bedroht sah, gegen die Zentralisierungs- und Modernisierungstendenzen des Herrschers. Da ein wirtschaftlich bedeutungsvolles und politisch selbstbewußtes Bürgertum kaum in Ansätzen vorhanden war, vermochte der Kaiser nicht, eine neue gesellschaftliche

Stütze zu finden, um der ungarischen und belgischen Aufstandsbewegung und Adelsopposition Herr zu werden; als er im Februar 1790 starb, lag sein Reformwerk in Trümmern, und Österreich befand sich in einer gefährlichen Staatskrise.

Leopold II. – einer der bedeutendsten Habsburger auf dem Herrscherthron – vermochte es, durch geschicktes Taktieren mit den verschiedenen Ständen, Gesellschaftsschichten und Nationen dem drohenden Zerfall der Monarchie Einhalt zu gebieten. Er beendete den erfolglosen Türkenkrieg, beruhigte die belgischen und ungarischen Aufständischen und zog einige josephinische Beamte als Ratgeber und Organisatoren hinzu. In seinem geheimen Mitarbeiterkreis beschäftigte er eine Anzahl von liberal und demokratisch gesinnten Intellektuellen und übertrug ihnen gewisse politische Aufgaben. Diese »Josephiner« und »Leopoldiner« wurden zur Verwirklichung der kaiserlichen Absichten eingesetzt, wobei der Herrscher alle Fäden in seiner Hand behielt. Mit den Errungenschaften der ersten konstitutionellen Phase der Französischen Revolution konfrontiert, verstand es der Kaiser, in seinen Untertanen und besonders im Beamtenapparat den Eindruck zu erwecken, daß sich die Umwandlung der Monarchie in einen Verfassungs- und Rechtsstaat auch ohne Revolution auf gewaltlosem Wege verwirklichen lasse.

Mit dem Tode Leopolds am 1. März 1792 gelangten diese Hoffnungen zu einem abrupten Ende. Als sechs Wochen später der Krieg gegen das revolutionäre Frankreich ausbrach und gleichzeitig eine vehemente Restaurationspolitik begann, fanden sich die konstitutionell und demokratisch gesinnten früheren Anhänger kaiserlicher Reformen in Geheimzirkeln zusammen. Diese Oppositionellen sind als Kern der österreichischen Jakobinerbewegung anzusehen.

Es ist zu betonen, daß die österreichischen Jakobiner ebenso wie ihre Gesinnungsfreunde in Deutschland ihre Auffassungen niemals in der politischen Praxis erproben konnten. Deshalb sind ihr Mut, ihre politische Leidenschaft und ihre Überzeugungstreue nur an ihrem Wollen zu messen. In ihrer politischen und sozialen Zielsetzung unterschieden sich die Jakobiner Mitteleuropas kaum voneinander; in ihrer gesellschaftlichen Zusammensetzung stellten jedoch die revolutionären Demokraten der Donaumonarchie eine besondere Variante des Jakobinismus dar. Waren im Deutschen Reich vorwiegend Journalisten, Literaten und Advokaten die am meisten begeisterten Parteigänger der Französischen Revolution, so war in Wien und teilweise in der österreichischen Provinz der Anteil der Beamten besonders hoch. Daß Angehörige dieser Sozialgruppe, die eigentlich zu staatstragenden und staatsbejahenden Elementen erzogen worden waren, sich revolutionäre Ideen zu eigen machten, lag daran, daß sie als Anhänger der Reformkaiser Joseph und Leopold die reaktionäre Politik von Franz verabscheuten.

Aus der Prämisse der Jakobiner, das Egalitätsprinzip nicht nur als Gleichheit vor dem Gesetz, sondern auch im politischen Bereich wirksam werden zu lassen, zogen sie den Schluß, daß die Mobilisierung und Aktivierung der Bauern und Stadtplebejer notwendig sei, um die ersehnte gesellschaftliche Umwälzung zu vollziehen. Ein großer Teil der Jakobinerschriften besteht daher aus revolutionären Aufrufen, um ein Bündnis mit den Unterklassen in Stadt und Land herzustellen. Die Hauptfeinde der österreichischen Jakobiner waren der reaktionäre Adel und Klerus, die ihre wirtschaftlichen und politischen Vorrechte bewahren wollten, die josephinischen Reformen gehemmt und hintertrieben hatten und nunmehr – unter Franz – an den Schalthebeln der Macht saßen.

Während in Frankreich das wirtschaftlich erstarkte und daher mutige und entschlossene Bürgertum zu politischer Macht gelangte, kam ihm in Österreich nur geringe Bedeutung zu. Der französische Jakobinismus, der unter sozial entwickelten und gereiften Bedingungen erwuchs, vermochte daher den gesamten Weg der bürgerlich-demokratischen Revolution zu durchschreiten und bis zu deren äußersten Klassengrenzen vorzudringen. In Österreich hingegen bedurfte es jakobinischer Entschlossenheit, um die Bevölkerung überhaupt in wirtschaftlich-sozialer und institutionell-politischer Hinsicht an die Theorie und Praxis der Revolution heranzuführen. Daher wiesen manche Projekte der österreichischen Jakobiner wie der Verfassungsentwurf und die Wahlordnung Andreas Riedels utopische Elemente auf und gaben organisatorischen Fragen viel Raum. Es wäre ahistorisch, in Österreich, wo der revolutionäre Prozeß selbst fehlte und die demokratische Massenagitation niemals eine dem französischen Vorbild gleichkommende Gewalt erreichte, nach einem gleichkarätigen »reinen« Jakobinismus zu fahnden. Im Fall des normativen französischen Beispiels, dem die österreichischen Demokraten nachzueifern suchten, waren die Jakobiner die gesellschaftlichen Vertreter des revolutionären Kleinbürgertums, das sich mit Bauern und städtischen Plebejern zu einem Bündnis zusammenfand, um die Errungenschaften der Revolution zu wahren und gegen den äußeren und inneren Feind sicherzustellen. In Österreich hingegen, wo andere politische und gesellschaftliche Bedingungen vorhanden waren, besaß der Jakobinismus keinen festen sozialen Standort und war in kein starres soziometrisches Schema zu pressen, weil das städtische Bürgertum – das bei einer siegreichen Revolution die Führung hätte übernehmen müssen – sich noch nicht zu eigenem Selbstverständnis durchgerungen, also den Sprung von der Klasse »an sich« zur Klasse »für sich« noch nicht vollzogen hatte.

Diese Schwäche und die undeutlichen sozialen Konturen des deutschen und österreichischen Mittelstandes wurden von den scharfblickenden Zeitgenossen erkannt und zutreffend analysiert. Adolph Freiherr von Knigge, der selbst demokratischen Gedanken nahestand, schrieb 1793:

> »Woraus aber besteht bei uns größtenteils der Tiers-état? Aus Fürstendienern, Räten, Secretarien, Beamten, Offizianten, Hoffaktoren, Livranten, Advokaten, Ärzten und dergleichen, die alle mehr oder weniger von den Brosamen leben, welche von der Herren Tische fallen.«

Der größte Teil dieser Sozialgruppen, unter denen Kaufleute und Handelsherren fehlten, verharrte meist in Servilismus und Untertanengeist. Dennoch rekrutierten sich die militanten Fahnenträger des gesellschaftlichen Fortschritts, die sich an die Spitze des Konstitutionierungsprozesses des Bürgertums stellten und jakobinische Intransigenz entfalteten, aus eben diesen Bildungsberufen. Die Wiener Jakobiner waren fast alle »Fürstendiener, Räte, Secretarien,

Beamte, Offizianten«. Außerdem erstreckte sich der soziale Einzugsbereich der radikalen und revolutionären Demokratie der Donaumonarchie auch auf die Mitglieder des privilegierten Adelsstandes; der theoretische Kopf der Wiener Jakobiner war Franz Hebenstreit von Streitenfeld, dessen Adel bis ins 16. Jahrhundert zurückgeht; unter den ungarischen Jakobinern war der Anteil von Adligen, die demokratische Grundsätze mit dem nationalen Selbstbestimmungsrecht zu vereinigen suchten, überaus hoch.

Die etwa vierzig Männer, die im Sommer 1794 in Wien als Jakobiner denunziert und verhaftet wurden, gruppierten sich teilweise um den Baron Andreas Riedel, der einer der engsten Vertrauten Kaiser Leopolds II. gewesen war. Seinem Zirkel gehörten der Platzoberleutnant Franz Hebenstreit von Streitenfeld, der Kriegsgerichtsaktuar Cajetan Gilowsky von Urazewa, der Magistratsrat Martin Prandstätter und der Diener der ungarischen Hofkanzlei Georg Ruzsitska an. Um diesen Kreis, der sich seit dem Herbst 1792 häufig in Riedels Wohnung traf, bildete sich ein lockerer Sympathisantenzirkel.

Andreas Riedel, der 1748 in Wien geboren wurde, entstammte einer Beamtenfamilie. Er war Anfang der siebziger Jahre Mathematikprofessor an der Wiener Neustädter Militärakademie, wurde 1773 in den Adelsstand erhoben und sechs Jahre später auf Vorschlag Maria Theresias und Josephs II. Mathematiklehrer des späteren Kaisers Franz, des Sohnes des Großherzogs von Toskana, Leopold. Die Beziehungen zwischen Riedel und seinem Schüler Franz (der von seinem Onkel Joseph II. nicht zu Unrecht als »Holzkopf« bezeichnet wurde) waren von Anfang an gespannt, und der spätere Kaiser verfolgte seinen Lehrer mit unauslöschlichem Haß. Riedel war jedoch Vertrauter, ja Freund Leopolds und kam im Jahre 1790, als dieser den österreichischen Thron bestieg, nach Wien. In den beiden Regierungsjahren Leopolds II. ging Riedel beim Kaiser aus und ein und gehörte dessen engem Mitarbeiterkreis an. Leopold, der den Kampf der josephinischen Beamten gegen die stockkonservativen und aufständischen Adligen und Geistlichen ermutigte, wollte die erschütterte Macht der Krone wieder festigen und plante eine Umwandlung der Monarchie in einen konstitutionellen Staat. Riedel entwarf ein Reformprogramm für die österreichischen Erblande und sah eine parlamentarische Volksvertretung vor.

Die gewaltigen Erwartungen, die Riedel von den weitreichenden Staats- und Gesellschaftsreformen des Kaisers hegte, wurden durch den plötzlichen Tod Leopolds unterbrochen; Riedel, der allgemein als Freund des verstorbenen Kaisers bekannt war, durfte unter Franz II. nicht mehr bei Hof erscheinen. Etwa zwei Jahre lang, vom Sommer 1792 bis zu ihrer Verhaftung am 24. Juli 1794, wälzten die ehemaligen Josephiner und Leopoldiner, die jeder politischen Wirkungsmöglichkeit beraubt waren, verschiedene Pläne, um den immer reaktionärer werdenden Kurs der Hofpartei zu beeinflussen und zu einem Frieden mit dem revolutionären Frankreich zu gelangen. Da sie im Gegensatz zu ihren französischen Vorbildern über kein öffentliches Forum verfügten, blieb die Aktivität der Jakobiner vor allem darauf beschränkt, ihre Ideen schriftlich zu verbreiten. Die strenge Pressezensur, die 1792 verschärft wurde, verhinderte jede revolutionäre Publizistik; daher waren die Jakobiner gezwungen, ihre Schriften mit der Hand abzuschreiben und an Gesinnungsfreunde zu übersenden. Die Radikalisierung der Französischen Revolution und das selbständige Erscheinen der Sansculotten in der politischen Arena führten dazu, daß die Auffassungen der österreichischen Oppositionellen sich immer weiter von ihrem ursprünglichen gemäßigten Konstitutionalismus entfernen; sie wurden nun zu radikalen Revolutionären, die sich ans Volk mit Umsturzappellen wandten.

Im Oktober 1792 verfaßte Andreas Riedel einen »Aufruf an alle Deutsche zu einem antiaristokratischen Gleichheitsbund«, den er an zwanzig Persönlichkeiten im Deutschen Reich versandte, von denen er annahm, daß sie Freunde der Französischen Revolution seien. Weitere Kopien des Aufrufs verschickte er postlagernd an diverse Phantasieadressen in der Hoffnung, die revolutionäre Stimmung anfachen zu können. In diesem Aufruf gab er detaillierte Anweisungen zu einem allgemeinen Aufstand, der am 1. November 1792 um sieben Uhr früh beginnen sollte.

Andreas Riedels »Aufruf an alle Deutschen zu einem antiaristokratischen Gleichheitsbund.«

Die Menschenfreunde deutscher Nation, alle ihren Brüdern, welche die Wahrheit lieben und die Glückseligkeit ihrer Nebengeschöpfe wollen, den Kuß der Freundschaft und ihre brüderliche Liebe.

Nachdem nichts gewisser ist, als daß ohne die gesetzliche Gleichheit die Ursachen, welche die Menschen haben böse zu sein, niemals aus dem Grunde können weggeschafft werden, daß folglich ohne die politische Gleichheit unter den Menschen keine Redlichkeit, keine Offenherzigkeit und Freundschaft, keine Vaterlandsliebe, keine Tugend, kurz keine von allen den sanften Gemütsstimmungen möglich ist, ohne welche die Glückseligkeit der Menschen nicht bestehen kann; in Erwägung, daß die Könige weiter nichts sind als der Vorwand, unter welchem die Aristokraten (das sind jene Menschen, die aus dem Grunde der Geburt und der Ahnen verschiedene Vorzugsmöglichkeiten an sich gerissen haben) und diejenigen, die sich der Aristokraten bemächtigt haben, um von ihnen zu leben, mit der Menschheit ihr Spiel treiben, die Nationen unterdrücken, in der Dürftigkeit und in der Verwilderung halten und sich ihrer wie der Maschinen zu ihren Lüsten zu bedienen.

In Erwägung, daß es schändlich ist, untätig zuzusehen, wie barbarische Aristokraten, nämlich die Russen, der guten Sache, wo sie nur immer aufkeimen will, entgegenarbeiten, und wie sie die kurzsichtigen, obschon etwas minder barbarischen Aristokraten des österreichischen Kabinetts und anderer nach ihrem Willen lenken, mit den feinsten Ränken sowohl als mit den unerhörtesten Grausamkeiten ihr Unterdrückungssystem unterstützen und verbreiten.

In Erwägung, daß es billig ist, die Last einmal von sich zu

wälzen, welche die Aristokraten seit den Zeiten der Eroberungen und des Faustrechts auf die unterjochten Nationen geladen haben, wodurch selbe alles Ungemach, Not, Elend, harte Arbeit und Verachtung, Abwürdigungen, Ungerechtigkeiten und Erpressungen unaufhörlich allein tragen müssen, damit einige Aristokraten in Schwelgerei und Wollust zum Überdruß leben, allen ersinnlichen Übermut auslassen und den Nationen, die ihnen die Mittel dazu hervorbringen, mit der äußersten Härte mitfahren mögen.

In Erwägung, daß die Greuel und Jammer der unbesonnensten Kriege nie ein Ende nehmen werden, solange Aristokraten sind, welche Menschen finden, die für sie, für ihre Sache, damit es ihnen allein wohlergehe und damit sie nach den Kriegen eben diese Menschen desto gewaltsamer unterdrücken mögen, zu Felde ziehen, auf der einen Seite Hitze und Kälte, Hunger und Durst, Krankheiten, Beschwerlichkeiten, Verstümmelungen und den Tod, auf der anderen Seite die grausamsten willkürlichen Behandlungen, die rauhesten Begegnungen, Undank, das elendeste Leben und unter dem Namen des Ehrenstandes die schmählichste Knechtschaft erdulden, ohne daß daraus jemals wem andern als den Aristokraten Gutes und Vergnügliches zuwachse.

In Erwägung, daß viele Hunderttausende solcher unglücklicher verwilderter und unterdrückter Menschen, ohne zu wissen warum, unter dem kühlen Vorwand der Sache der Könige oder des Vaterlandes, im Grunde aber eigentlich für die Sache der Aristokraten, ihrer Unterdrücker, in solchen törichten Kriegen den grausamsten Tod finden, und wiederum in ihrer wilden Dummheit, worin sie von den Aristokraten sorgfältig erhalten werden, mit Feuer und Schwert den Tod und die Verheerung geben, ohne daß man auf Millionen solcher unglücklicher Schlachtopfer so viel achte als auf wenige tausend Aristokraten oder feile und niederträchtige Aristokratenknechte, die man nach der reifsten Überlegung und mit dem besten Geist der guten Sache nachsetzt.

In der Erwägung, daß es keine andere gute Sache gebe als die Erzielung der Gleichheit und der Freiheit, und daß dieser Gegenstand einzig und allein die Vergießung aller

Ströme von Blut zusammen wert sei, die seit dem Ursprung der Unterdrückung jemals in den unvernünftigen und heillosen Kriegen für nichts anderes als für die Aristokraten geflossen sind. In Erwägung, daß ohne alle Ausnahme kein Mittel ungebraucht bleiben soll, um diese Gleichheit und Freiheit herzustellen und dann durch weise Gesetze für ewige Zeiten zu festigen.

In fernerer Erwägung, daß zur ersten Herstellung der wahren Ordnung, die in der Gleichheit und in der Freiheit besteht, Anstrengung, Gewalt, Mut, Einigkeit, Entschlossenheit, Selbstverleugnung und Aufopferungen erfordert werden, und daß zur Gewalt und Macht die Menge und die Verbindungen nötig sind, wegen der Einigkeit im Wirken aber irgendeine allgemeine Vorschrift den Anfang machen muß.

In Erwägung endlich, daß eine aufgeklärte Nation, die ein Beispiel vor sich sieht, die Nachahmung des Guten eines einfältigen Nationalstolzes wegen nicht scheuen kann, weil mit einer solchen Denkart gar kein Vorschritt gegen die allgemeine Glückseligkeit kann gedacht werden, beschließen die Menschenfreunde deutscher Nation und empfehlen allen, denen daran gelegen ist, die genaue Ausführung folgender Artikel:

I. Den ersten November dieses 1792. Jahres, des Morgens früh um sieben Uhr, sollen in allen Städten Deutschlands, wer immer das Joch der aristokratischen Unterdrückung abschütteln und die Gleichheit und Freiheit unter dem Schutze weiser Gesetze eingeführt wissen will, mit einer Masche von den drei Farben rot, blau und weiß auf dem Hute, sie sei von Papier, von Seide, von Leinwand, wenn (sie) nur groß und sichtbar ist, sich auf einem dazu bestimmten großen Platz inner oder außer dem Umfang seiner Stadt einfinden.

II. Jeder Bündner, der die Masche aufsteckt, soll mit irgendeiner Gattung von Waffen versehen erscheinen, wenn es auch nur ein oder mehrere Messer wären, indem der Zenturionenrat oder ein anderer von selbem ernannter Befehlshaber immer an der Zeit sind, im nötigen Falle die ähnlich bewaffneten Bündner zusammenzuordnen. In seinem Herzen soll jeder Bündner den Vorsatz mitbringen, bis zum letzten Lebenshauch mit Würde und Standhaftigkeit denjenigen zu widerstehen, die sich beigehen ließen, dieser allerhöchsten Versammlung der Nation gewaltsame Hindernisse in den Weg zu legen.

III. Das Volk jeder Stadt soll den eigentlichen Ort seiner Versammlung durch mehrere und oft wiederholte Anschlagzettel an den Gassenecken vorhinein bestimmen. Auf diesen Anschlagzetteln soll man nichts anderes lesen als: »Auf dem Platz N., den 1. November 1792 um sieben Uhr früh, alle guten Menschen und Brüder Bündner.«

IV. Nach Maß als die Bündner auf dem bestimmten Platz in ihrer Stadt ankommen, sollen sie sich untereinander den Kuß der Freundschaft geben, dann in lauter abgesonderte Haufen von Hunderten rotten; wo schon hundert stehen, sollen sie niemanden mehr zulassen, und wo nicht hundert beisammen sind, sollen sie andere herbeirufen. Diejenigen, so unter hundert an der Zahl übrig bleiben, sollen sich beisammenhalten, bis der nachmalige Präsident des provisorischen Zenturionenrats sie nach seinem Gutbefinden zu anderen Rotten zuteilen wird.

V. Wie eine Rotte von Hunderten formiert ist, soll sie, ohne auf andere zu warten, alsogleich aus ihrer Mitte einen Zenturio wählen. Dieses geschieht, indem diejenigen, die ihre Stimmen jemandem geben, ihn in ihre Mitte nehmen und sich um ihn herumstellen. Wer die meisten Stimmen oder den größten Haufen um sich hat, ist Zenturio. (. . .)

VII. Jeder Zenturio regiert seine Rotte, hält sie beisammen in Ordnung, ernennt sich auch selber zwei Gehilfen für die geschwindesten Fälle und tritt dann an einem besonderen Ort mit allen anderen Zenturionen zusammen. Wenn es möglich ist, muß man diesen Ort so wählen, daß das versammelte Volk alle Zenturionen vereinigt sehen könne.

VIII. Sobald der Zenturionen genug beisammen sind, formieren sie sich, alsogleich vor den Augen der Nation in einen Präsidenten, zwei oder mehrere Sekretäre und die Räte. Der älteste Zenturio an Jahren ist Präsident; im Verweigerungsfalle oder bei anderen Untunlichkeiten, wer im Alter nach ihm ist. Die jüngsten Zenturionen an Jahren sind Sekretäre, die übrigen Räte, und diese nehmen den Rang nach dem Los oder alphabetischer Ordnung ihrer

Geschlechtsnamen. Wo diese gleich sind, sieht man auf das Alter an Jahren. Sind sie organisiert, so ersetzen die Räte nach dem Rang, den sie vom Los haben, den Präsidenten und die Sekretäre, so oft es nötig ist. Die Zenturionen müssen sich organisieren, wenn auch einige wenige noch nicht eingetroffen sind, und diejenigen, die nach der Organisierung eintreten, nehmen die Stelle unter den Räten ein, die ihnen nach dem Los zukommt. (. . .)

X. Der Präsident ist nur der erste unter seinesgleichen und befiehlt nur in Sachen, die innere Ordnung des Zenturionenrats betreffend; in öffentlichen Angelegenheiten aber und in allen Geschäften befiehlt der Rat, durch die absolute Mehrheit der Stimmen, wobei jeder Zenturio ebensogut als der Präsident und die Sekretäre seine Stimme gibt.

XI. Kein Rat soll aus weniger als acht Zenturionen und keiner aus mehr als hundert bestehen. Wo deren welche fehlen, organisieren sie sich erst, dann bestimmt der Präsident eine Rotte, die noch einen Zenturio wählen soll, nach dem Präsidenten bestimmen die Räte nach ihrem Range des Loses jeder noch eine Rotte, bis die Zahl der Zenturionen voll ist. Sind der Räte zu viele, so organisieren sie sich erst, dann treten von den Räten nach der alphabetischen Ordnung ihrer Geschlechtsnamen so viele aus, daß in allem nur hundert übrigbleiben. Die ausgetretenen Zenturionen sind Suppleanten und können auch vorzüglich als Anführer bei den ersten und wichtigsten Geschäften als Bündner gebraucht werden.

XII. Sobald der Zenturionenrat organisiert ist, bemächtigt er sich mittels bewaffneter Rotten unter der Anführung der Zenturien oder der Zenturiengehilfen aller öffentlichen Zeughäuser, Waffenbehältnisse, Pulvermagazine und dergleichen, besetzt mit Bündnern alle Posten und Wachen der Stadt, wo vormals Soldaten waren, und stellt, wo es nötig ist, neue Wachen von Bündnern aus.

XIII. Diejenigen Stadtsoldaten oder andere Truppen, die selbsten Bündner werden und die Masche aufstecken, sollen unter den obersten Befehlen des Zenturionenrats mit allen ihren Offizieren und Unteroffizieren fortfahren, ihre Dienste zur Aufrechterhaltung der guten Ordnung nach wie vor zu tun und dabei gelassen werden. Ein gleiches versteht sich von allen den angestellten Leuten bei den Zeughäusern, Pulvermühlen, Magazinen von Lebensmitteln und dergleichen, welche alle als gute und nützliche Leute bei ihren Ämtern zu lassen sind, wenn sie dem Bündnisse beitreten.

XIV. Mit gleicher Geschwindigkeit wird der Zenturionenrat sorgen, alle öffentlichen Gelder in Sicherheit zu bringen und sorgfältig verwahren zu lassen. Das auf was immer für eine Art bei öffentlichen Kassen angestellte Personal soll ebenfalls unter der Oberaufsicht des Zenturionenrats ruhig bei seiner Amtierung gelassen werden.

XV. Überhaupt sollen die öffentlichen Beamten unter den obersten Befehlen des provisorischen Zenturionenrats in ihren Stellen verbleiben und fortfahren, ihre Dienste wie zuvor zu versehen, diejenigen allein ausgenommen, die dem Gleichheitsbündnis nicht beitreten wollen.

XVI. Die Geschäfte dieser letztern soll der Zenturionenrat indessen durch Bündner, die er eigens dazu benennt, versehen lassen, welche vom Tage ihres Antritts der öffentlichen Dienste die Hälfte des Gehaltes der ausgetretenen Beamten einziehen.

XVII. Hält sich ein solcher ruhig, so fährt er fort, bis zur Entscheidung des Gesetzes die Hälfte seines Gehalts zu genießen und ist dafür schuldig, dem amtierenden Bündner in allen nötigen Fällen Hilfe zu leisten und Unterricht zu geben. Unruhige, Aufwiegler und Aufrührer wird der Zenturionenrat durch alle tunlichen Mittel ohne Ausnahme und Rücksicht im Zaum halten und in die Unmöglichkeit versetzen, schädlich zu sein. (. . .)

XX. Nicht später als den vierten November soll sich der ganze Zenturionenrat in einem großen Saal, in einer Kirche oder in einem anderen öffentlichen Gebäude versammeln, und nachdem er um 8 Uhr morgens seine Sitze in Ordnung eingenommen, soll das gesamte Volk zur Eidesleistung zugelassen werden. Der Präsident hält dieserwegen eine kurze Rede, nach deren Ende er mit bedecktem Haupt stehend ausruft: »Brüder, wir sind gleich und frei, laßt uns schwören, so zu leben und zu sterben!« Dieser Ausruf des Präsidenten soll von Schüssen aus Kanonen oder Böllern etc., der Läutung aller Glocken oder von was immer für feierlichen Freudenzeichen begleitet sein, wodurch die Nachricht auf das geschwindeste an die umliegenden Ortschaften gelange. Hierauf ergreift der Präsident mit seiner Rechten die Rechte des rechts neben ihm sitzenden Rates, der bei dieser Gelegenheit aufsteht, und sagt mit lauter Stimme, indem er die linke Hand auf die Brust legt: »Ich, N. N., verpfände euch Brüdern meine Ehre, mein Leben, mein Hab und Gut dafür, daß ich Gleichheit und Freiheit handhaben und den Gesetzen der Nation gehorchen will.« Nach dem Präsidenten leisten alle Räte in der Ordnung eben diesen Eid in die Hände des Präsidenten, das ist, jeder Rat tritt mit bedecktem Haupt zu ihm hin, der ihn stehend und ebenfalls mit bedecktem Haupt empfängt, faßt ihn bei der rechten Hand, hält die linke Hand auf die Brust und sagt: »Ich, N. N., verpfände euch Brüdern« etc. etc. Die Sekretäre, die aus allen Räten am letzten schwören, tragen die Namen aller derjenigen, die den Eid geleistet haben, in ein Protokoll ein, welches das Bündnerbuch genannt wird. Nach den Räten kommt die Reihe zu schwören an die Bündner alle; ein jeglicher tritt mit bedecktem Haupt, die linke Hand auf der Brust haltend und mit seiner Rechten die Rechte des Präsidenten fassend, hinzu und spricht in dieser Stellung nur seinen Namen aus, damit er von den Sekretären geschrieben werde, welches anstatt des Schwörens gilt.

XXI. Der ganze Zenturionenrat soll solange beisammen bleiben, bis der Präsident auf solche Art hundert Bündner aufgenommen hat, dann soll er abtreten, um seinen übrigen Geschäften nachzugehen; (. . .)

XXII. Der Zenturionenrat muß sich indessen vom vierten an damit beschäftigen, den Bündnern Vorschriften hinauszugeben, wie von ihnen den zehnten November freie Wahlen sollen gehalten werden. Es wäre gut, hierüber und über mehrere Gegenstände der Gesetzgebung und der freien Staatskunst unter geschickten Männern ordentliche Aufklärungsschulen aufzurichten. Den Vorschriften gemäß werden sich die Bündner wirklich den zehnten November an dem angewiesenen Ort versammeln, um daselbst nach dem Muster der französischen Primarversammlungen freie Wahlen zu halten.

XXIII. In diesen Versammlungen soll ein neuer Zenturionenrat gewählt werden, der aus ebensovielen Gliedern bestehen muß, als deren im provisorischen waren. Nebst dieser Anzahl Zenturionen wählt man noch halb so viele Suppleanten, die nur in den Rat kommen, wenn einer von der vollen Zahl fehlt. (. . .)

XXV. Nachdem sich der neue Zenturionenrat organisiert hat, schwört er öffentlich, die linke Hand auf die Brust und die rechte auf das Bündnerbuch haltend: »Ich, Bündner N. N., verspreche meinen Brüdern im Zenturionenrat, wohin sie mich berufen haben, treu und redlich zu dienen und zu beraten, solange bis das Gesetz unser Heil fest gründet.«

XXVI. Nicht später als den 15. November muß der neugewählte Zenturionenrat die Deputierten zur Nationalversammlung oder den Volksrat wählen, nach der Mehrheit der Stimmen, wie man in den französischen Munizipalitäten den Maire wählt. Für eine Anzahl von einem bis auf 2000 Bündner soll ein Deputierter gewählt werden. Enthielte z. B. ein Bündnerbuch 8640 Namen, so müßte der Zenturionenrat fünf Deputierte wählen.

XXVII. Jedes Bündnerbuch wird seine Deputierten aus seinen öffentlichen Geldern mit Reisekosten und Subsistenz versorgen, jedoch allen Überfluß oder Verschwendung sorgfältig vermeiden.

XXVIII. Die Deputierten sollen sich alle unverzüglich nach Nürnberg begeben, und diese Stadt soll zum Empfang derselben und wegen eines geschickten Versammlungsorts die nötigen Anstalten treffen. Sobald sie sich organisiert haben, welches in Aufstellung eines Präsidenten, zweier Vizepräsidenten und sechs Sekretären besteht, sollen sie nicht mehr als tausend an der Zahl sein; die mehreren, welche nach und nach ankommen, nehmen zwar nach anerkannten Kreditiven oder Sendungsscheinen ihre Sitze in der alphabetischen Ordnung ein; allein drei Tage längstens nach der Ankunft eines überzähligen Deputierten muß für ihn ein anderer entweder freiwillig oder nach dem Los austreten. Das ist jener, dessen Geschlechtsnamen der erste unter denjenigen ist, die mit A. anfangen. Ein solcher kehrt nach seinen Gegenden zurück und wird als Suppleant betrachtet.

XXIV. Wenn 400 Deputierte beisammen sind, möge sich

die Nationalversammlung oder der Volksrat organisieren und die Gesetzgebung vornehmen; auch alsogleich Kommissäre an die französische Nationalversammlung abschicken, um durch brüderliche Verbindung mit selbiger sich gegenseitig zu verstärken. Ihr ist es nunmehr überlassen, alle Gesetze und Einrichtungen zu machen, die sie für die Glückseligkeit der Menschen zuträglich glauben wird; und bis sie nichts Neues verordnet, sollen in Deutschland alle Dinge ihren bisherigen Gang gehen. Vom Tag der Organisierung des Volksrates sollen die Deputierten zwei Jahre unabgeändert bleiben.

XXX. Wer immer den Menschen aus ihrem Elend und aus der Unterdrückung zu helfen wünscht, sich selbst und seinen Mitgeschöpfen die Glückseligkeit verschaffen will, soll sich angelegen sein lassen, durch alle möglichen Wege der Abschriften und des Abdruckes den gegenwärtigen Aufruf auf das schleunigste durch ganz Deutschland zu verbreiten.

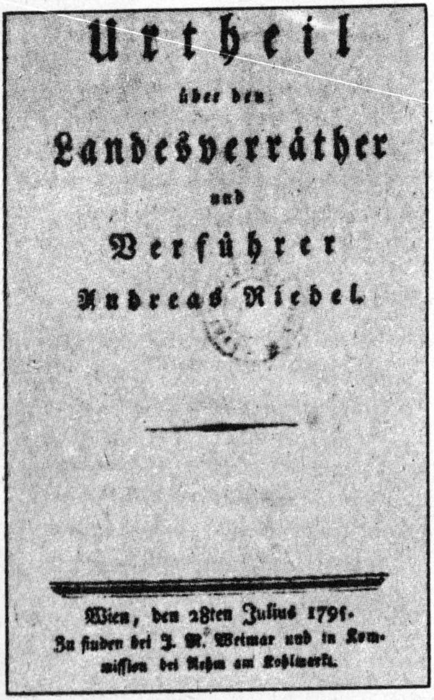
Urtheil

über den

Landesverräther

und

Verführer

Andreas Riedel.

Wien, den 28ten Julius 1795.

Zu finden bei J. M. Weimar und in Kommission bei Rehm am Kohlmarkt.

Georg Ruzsitskas »Aufruf an das Landvolk«

Viel ernsthafter als der Revolutionsaufruf Riedels war der Appell, den Georg Ruzsitska, ein Mitglied des Jakobinerzirkels, an die Bauern richtete. Ruzsitska, der aus einem Dorf in Böhmen stammte und Kanzleischreiber und Diener in der ungarischen Hofkanzlei war, kannte die elende Lage der Bauern aus eigenem Erleben. In Wien, wo er sich anfangs in bitterster Armut als Notenabschreiber, Musiker und Gelegenheitsarbeiter durchschlug, kam ihm der Verlust der Menschenwürde schmerzlich zu Bewußtsein. Er wurde von Riedel moralisch und finanziell unterstützt; gleichzeitig zeigte diese Freundschaft, daß die Jakobiner die gesellschaftliche Gleichheit, die sie im gesamten Staatswesen zum Siege führen wollten, in ihrem Zirkel bereits praktizierten.

Aufruf Ruzsitskas

Dieser von einem Menschenfreunde geschriebene Brief ist an die armen Untertanen und an diejenigen gerichtet, die es mit der Armut gut meinen und den Druck und die Sklaverei von Herzen hassen. Alle diejenigen, die keine Schmeichler, Wohldiener und Achselträger der Herrschaften sind, werden diesen wohlmeinenden Brief abschreiben und an mehrere Gemeinden und Ortschaften, aber auch nur unter die guten Menschen, die es nicht mit der Herrschaft halten, fleißig austeilen. Darin werdet Ihr, o meine unterdrückten Brüder, hören, wie die Herrschaften mit Euch und mit der ganzen Gotteswelt verfahren, und was für Mittel dawider anzuwenden sei, damit einmal Euer Elend und Not ein Ende nehme.

Als Gott den Menschen erschuf, befahl er ihm, sich sein Brot im Schweiße seines Angesichtes zu erwerben; folglich ist ein jeder Mensch schuldig zu arbeiten. Gott hat niemand von diesem Gebot ausgenommen; und doch gibt es viele Tausende solcher Menschen, welche, solange sie leben, nicht die geringste Arbeit verrichtet haben, und doch leben diese Menschen in dem größten Überflüsse, essen die allerbesten Sachen und trinken die trefflichsten Weine, die es nur in der Welt gibt.

Diese faulen Menschen heißen Herrschaften. Sie wohnen in prächtigen Palästen, und die arbeitsamen, guten Menschen, welche den Befehl Gottes getreulich befolgen, haben kaum was zu essen, müssen sich mit den schlechtesten Sachen begnügen und können sich kaum solche Häuschen aufrichten, wo sie für Regen und Frost zu bestehen vermögen. Machet doch, um Gotteswillen! Machet doch einmal Eure Augen auf und betrachtet Euren Jammerstand! Helfet Euch, und Ihr werdet sehen, daß Euch Gott selbst wird behilflich sein!

Was sind Eure Herrschaften? Sie sind Eure angeborenen Feinde. Anstatt daß sie sich ihr Brot erarbeiten sollten, wie es Gott befohlen hat, müßt Ihr sie ernähren, müßt ihnen allen möglichen Überfluß und Reichtümer verschaffen, müßt für sie Tag und Nacht sorgen, müßt Euch und Euren lieben Kindern vom Maul wegreißen und ihnen zuschleppen, müßt ihnen roboten, für sie arbeiten ohne Lohn und ohne nichts und für nichts, müßt ihnen von allem und jedem den Zehnt geben, und sie geben Euch dafür nichts, denn den Grund und Boden haben sie Euch nicht gegeben, er gehört ja gar nicht ihnen. Sie haben ihn nicht gemacht. Gott hat ihn für die arbeitenden Menschen erschaffen, und Eure Herrschaft hat gewiß die Erde niemals beackert, die Ihr mit Eurem Schweiße schon so vielmal benetztet. Folglich gehört der Erdboden Euch, den Ihr bearbeitet, und niemand anderer kann darüber Herr sein als Ihr selbst.

Diese Herrschaften nun sind die reichsten Leute in der Welt, weil Ihr ihnen alles hingebt. Sie fahren in den schönsten Kaleschen, und Ihr könnt kaum das nötige Vieh erhalten, was Ihr zur Bestellung Eurer Äcker rund zu ihrer Robot braucht.

Sie gehen in lauter Gold daher, essen mit lauter silbernen Eßzeugen, und Ihr habt kaum so viel schlechte Fetzen, um Euch und Eure armen Kinder vor der Kälte zu schützen, und müßt Euch gemeiniglich mit hölzernem Eßzeuge behelfen, glücklich, wenn Ihr nur mit Dank auch noch satt zu essen hättet.

Eure Herrschaften leben in beständigen Lustbarkeiten, fahren, spazieren, reiten, jagen – und dazu müßt Ihr ihnen überall behilflich sein und ihnen, auch mit Eurem Schaden und Ruinierung Eurer Gesundheit, alle Bequemlichkeiten verschaffen.

Um Gottes willen! Warum leidet Ihr denn das alles? Habt Ihr denn auf Gott vergessen? Wißt Ihr denn nicht mehr, daß alle Menschen Gottes Kinder sind, daß er nicht Euer Stiefvater ist?

Er will ja nicht, daß Ihr unterdrückt sein sollt. Warum legt Ihr Euch selbst solche erschrecklichen Lasten auf? Nehmet Euch doch (ein) Beispiel an den Bienen: sie sammeln Honig, machen Wachs, sind fleißig und arbeitsam, lassen sich aber von den faulen Hummeln, die nicht mitarbeiten, helfen, nicht unterjochen. Vielmehr bezwingen sie solche, bringen sie um und werfen sie aus dem Bienenstock.

Ihr seid doch sonst gescheit. Ihr leidet keinen Wolf und behandelt ihn wie Euren Feind, der doch höchstens nur Eurem Viehe schadet. – Und Eure reißenden Tiger, Eure wütenden Wölfe und Bären, Eure Herrschaften, die Eure größten Feinde sind als selbst die Teufel aus der Hölle, die tut Ihr noch verehren, vor ihnen Euch bis zur Erde biegen, lasset Euch von ihnen martern, die Euch, Eure Kinder und Kindeskinder in die Sklaverei halten und bis aufs Blut aussaugen.

Betrachtet nur, daß Gott Euer Vater ist, daß Ihr Menschen seid und daß Ihr die schlechte Behandlung keineswegs schuldig seid zu leiden. –

Ein jeder von Euch weiß doch, wie die Herrschaften und die Edelleute sind. Sie verachten Euch, als wenn Ihr lauter Spitzbuben wäret. Sie schämen sich, mit Euch umzugehen, mit Euch zu reden, als nur, wenn sie Euch was zu befehlen haben. Da steht Ihr vor ihnen wie die armen Sünder. Warum fürchtet Ihr Euch denn gar so stark vor ihnen? Gebt ihnen keinen Zehent, kein Geld! Tut ihnen keine Robot, so werden sie ohne Euch wie die Fische ohne Wasser von selbst bald hinwerden. Sie geben Euch ja gar nichts, und Ihr gebt ihnen alles umsonst. Tut das nicht mehr! Fürchtet nichts! Ohne Euch können sie Euch gar nichts tun. Schicken sie ihre Heiducken in Euer Dorf, so treibet sie hinaus und sagt, sie sollen nicht mehr kommen, wenn sie ihre Haut ganz erhalten wollen. Seid nur dabei standhaft und lasset Euch durch ihre schönen Worte nicht wieder verführen und von neuem unterdrücken!

Dazu müßt Ihr aber auch einander getreulich beistehen. Einer für alle, und alle für einen stehen. Wenn Ihr höret und wisset, daß die Herrschaft wider ein Dorf etwas vornehmen will, so lauft und ruft alle benachbarten Dörfer und Nachbarn zu Hilfe, so wie Ihr es tun würdet, wenn Räuber oder Wölfe in ein Dorf einbrächen. Jedes Dorf hat doch Glocken. Gebt Euch damit Zeichen und läutet Sturm! Ihr werdet sehen, daß es Euch wohl ausschlagen werde. Das Militär habt Ihr gar nicht zu fürchten. Die Gemeinen sind selbst lauter arbeitsame Leute. Sie werden keine Narren sein, denn sie sind Euresgleichen, Eure Brüder, Söhne und Freunde. Sie werden mit Euch sich vereinigen und Eure und ihre größten Feinde, die Herrschaften, verfolgen.

Hätte Kaiser Joseph bis jetzt gelebt, so wären sie schon ohnedem mit den Edelleuten ausgerottet.

Aus ganz Frankreich sind sie vertilgt, in ganz Amerika ist kein einziger, in Polen wird's auch bald mit ihnen gar sein. Warum solltet Ihr nur die einzigen sein, die sich von ihnen so hundsföttisch drucken lassen? Fanget es je eher je lieber an! So werden Euch Eure Kinder und Kindeskinder segnen und als rechtschaffene brave Leute loben, daß Ihr sie aus der abscheulichen Sklaverei erlöset habt. Und Gott selbst wird an Euch Freude haben, denn er sagt: Mensch, hilf dir selbst, so helfe ich dir auch. Dieses geschehe. Amen.

Ruzsitska verfaßte außerdem noch ein Gebet, in dem er Gott anflehte, der »erschrecklichen Habsucht und Unersättlichkeit« der Großen Schranken zu setzen, die das Volk »bis aufs Blut aussaugen, indem sie es mit unerträglichen Lasten beschweren«. Dieses Gebet schrieb er einigemale ab und regte bei den Zusammenkünften der Jakobiner an, die handschriftlichen Exemplare in den Kirchen auszulegen; er selbst ging mit gutem Beispiel voran, indem er das Gebet im Stephansdom liegen ließ.

Franz Hebenstreits „Eipeldauerlied" und sein Lehrgedicht »Homo Hominibus«

In den Debatten des Jakobinerzirkels nahmen, wie aus den erhaltenen Schriften und den Aussagen beim Prozeß zu entnehmen ist, die Probleme der sozialen Ungleichheit einen breiten Raum ein. Der konsequenteste revolutionäre Kopf der Wiener Jakobiner war der bereits erwähnte Platzoberleutnant Franz Hebenstreit von Streitenfeld, dessen politische Ziele über den Begriffshorizont seiner Freunde hinausgingen. Hebenstreit, der 1747 als Sohn eines Universitätsprofessors in Prag geboren wurde und eine gediegene humanistische Bildung erhielt, studierte zunächst Philosophie und Jura, bevor er die militärische Laufbahn einschlug. Er war seit 1791 Platzoberleutnant in Wien und gab bei den Debatten der Jakobiner in Riedels Hause kraft seiner überragenden Persönlichkeit und seiner unbeugsamen radikaldemokratischen und revolutionären Überzeugung den Ton an. Während sein Freund Riedel weniger der revolutionären Gewalt der aufständischen Menge und mehr der Macht der Vernunft und der Einsicht vertraute, propagierte Hebenstreit in den Diskussionen des Zirkels den radikalen Umsturz. Ebenso wie Riedel war auch Hebenstreit stark moralisch motiviert und von der abgrundtiefen Not der arbeitenden Massen und dem Unrecht der sozialen Ungleichheit erschüttert. Die Gerechtigkeit fordere, sagte er später bei seinem Verhör, »daß jeder Mensch sicher sei, mit mäßiger Anstrengung seiner Kräfte immer für alle Not geborgen zu sein«. In der Französischen Revolution erblickte Hebenstreit eine große Handlung der Gerechtigkeit, die der niedrigsten Menschenklasse die natürliche Würde zurückgab und die Unterdrücker zur Verantwortung zog. Dies war der Grundgedanke seines »Eipeldauerliedes«, das in drastischen Ausdrücken des Wiener Dialekts abgefaßt ist und mit dessen Inhalt sich Hebenstreit, der einer der Autoren war, eindeutig identifizierte:

Was denkts enk denn, daß gar so schreits
Und alles auf d' Franzosen?
Den Louis haben's köpft – Ja nun mich freuts
Er war schlecht bis in d'Hosen.

Heut hat er'n Volk ein Eid geschworn
Morg'n hat er'n wieder brochen.
D' Freiheit war ihm in d' Augen ein Dorn
S' Volk wollt er unterjochen.

Drum fort mit ihm zur Guillotin
Dem Blut für Blut muß fließen,
Hätt man nur a hier so a Maschin,
Müßt's mancher Großkopf büßen.

Schauts nur die Russisch Kathel[1] an,
Die enk jetzt ist so heilig
Hat's nicht den Kaiser, ihren Mann,
Abg'setzt und g'mordt abscheulig?

Wann's Volk einmal eam nimmer mag,
So muß er stille sitzen:
Sonst trifft ihn halt der rechte Schlag
Wenn er muß's Blut verspritzen.

'S ist ja das Volk kein Arschpapier
Und darf auf sich wohl denken,
Wer halt nicht lernen will Manier,
Den Lümmel muß man henken.

Schaut's enker Kaiser Kind nur an,
Mit'n Adel tut er's halten,
Der Ludwig hat's halt a so tan,
Drum haben's ihn nit g'halten.

Was tun's denn all die Herrn so groß,
Die ihr so hoch tut's heben,
Das sitzen's halt beim Weiberschoß
Und spiel'n mit enkern Leben.

So manches gute Mutterkind
Hat elend sterben müssen,
Weil enker Franz, von Hoffart blind,
Will, daß d' Franzosen büßen.

1 Katharina II. von Rußland ließ 1762 ihren Gemahl absetzen; kurz darauf wurde er, vermutlich auf ihren Befehl, ermordet.

Was geh'n ihn denn d' Franzosen an,
Dort hat er nichts zu kehren,
Wär er lieber hier ein rechter Mann
Und hielt enk fein in Ehren.

Enk, das heißt enk, die er nicht kennt,
Enk Trager, Schiffleut, Hauer,
Den, der's Holz hackt, der d' Kohlen brennt,
Den Handwerksg'selln, den Bauer.

Denn sagt's mir's, ist im ganzen Land
Wer z'finden, der was macht,
Wenn er nit ist mit enk verwandt
Und nit mit enk veracht?

Wer nur a wenig an Titel hat,
Und heißt er nur ein Schreiber,
Der zerrt ihn schon beim Kettendraht,
Als wie ein Bärentreiber.

Drum schlagt die Hundsleut alle tot
Nit langsam wie d' Franzosen,
Sonst machen s' enk noch tausend Not
'S ist nimmer auf sie z'losen.

Hebenstreit, der, wie diese Verse beweisen, die Ehre und Würde des arbeitenden, aber besitzlosen und unterdrückten Menschen als höchstes Rechtsgut ansah, war jedoch trotz seines verbalen Radikalismus kein praktischer Revolutionär. Seine wichtigste Leistung war das in 540 untadeligen Hexametern abgefaßte lateinische Lehrgedicht »Homo Hominibus«, – »Mensch unter Menschen«, das er einigemale handschriftlich kopierte und unter seinen Freunden zirkulieren ließ. Dieses tiefsinnige geschichtsphilosophische und sozialutopische Werk ist als Arkanum, als höchstes Geheimnis und Ziel des Freundeskreises von Hebenstreit anzusehen. Riedel kannte es auswendig und zitierte bei seinem Prozeßverhör lange Abschnitte daraus.

Hebenstreit erblickte im Privateigentum, im Meum und Tuum, im Mein und Dein, die Wurzel des gesellschaftlichen Übels und strebte eine auf Gemeineigentum beruhende und mit Zügen des christlichen Urkommunismus ausgestattete sittliche Sozialordnung an. In den Quellen wird einmal von »Hebenstreitismus oder Kommunismus« gesprochen. Besonders hervorzuheben ist, daß der von moralischen Prämissen ausgehende Autor einige Ideen von Marx vorwegnahm, indem er nämlich die Entfremdung, die Isolierung und Vereinsamung des Menschen utopisch aufzuheben suchte. Er prangerte es an, daß die Gesetze und Religion als Bollwerke des ungerechten und von den Mächtigen angeeigneten Besitzes dienten und daß damit die wahre und edle Natur des Menschen verdeckt und mißbraucht werde. Da das gesetzlich verankerte, individuelle Eigentum nach Hebenstreits Auffassung die Verbrechen, die Mißgunst und den Neid hervorbringe, könne die gerechte und ethische Ordnung nur auf Gemeineigentum und gemeinschaftlichem Genuß beruhen. Einige Verse lauten:

Während du als dein Eigentum ansiehst,
was als Gemeingut verliehen,
Ist der Arme, die ja leben muß, zum Besitz des Reichen geworden,
Weil das Gesetz ermöglicht, was ihm gar nicht zukommt.
Der Antrieb sollte dem Menschen raten,
die Mächtigen zu enteignen,
Eher als ihre Peitschen zu küssen.

Obwohl Hebenstreits proponierte Gütergemeinschaft nur durch eine grundstürzende soziale Revolution herbeigeführt werden konnte, enthält das Gedicht keinen ausdrücklichen Aufstandsappell, sondern zeichnet, wie gesagt, vor allem das ideale Bild einer glückseligen, der wahren Menschennatur entsprechenden, von Neid und Haß freien, klassenlosen Gesellschaft. Hebenstreit wandte sich am Ende seines Gedichts an die Privilegierten und Adeligen mit der Bitte, auf ihre Vorrechte und ihren Besitz zu verzichten, um mit den anderen Menschen zusammen eine brüderliche Gemeinschaft zu errichten.

Die Jakobiner bereiteten den Druck dieses lateinischen Gedichts in einer Auflage von 500 Stück vor, als sie verhaftet wurden. Die Arretierung erfolgte infolge des Verrats durch den Polizeispitzel Joseph Vinzenz Degen, der sich das Vertrauen Hebenstreits zu verschaffen gewußt und auch andere Jakobiner ausspioniert hatte. Kaiser Franz, der in einem Brief an einen seiner Brüder davon sprach, die Jakobiner »ganz ausrotten« zu wollen und versuchte, einen Sondergerichtshof zur Aburteilung der gefährlichen Staatsverbrecher zu ernennen. Während der Untersuchung zeigte sich, daß die Jakobinerverschwörung, die allerdings ihre politischen Absichten mehr durch Worte als durch Taten kundgegeben hatte, viel weiter verzweigt war, und daß nicht nur in Ungarn, sondern auch in der Steiermark, in Tirol, in Krain, in Kärnten und Vorarlberg einzelne oder ganze Gruppen von Demokraten anzutreffen waren. Die sogenannte »steirische Komplizität« hatte mit den Wiener Jakobinern enge Beziehungen gepflegt und auch einen »Allgemeinen Aufruf zur Abwerfung des eisernen Joches der Tyrannen der Menschheit« verfaßt. Zur Feier des fünften Jahrestages der Erstürmung der Bastille, dem 14. Juli 1794, hatten die steirischen Jakobiner auch in der Brühl bei Mödling einen feierlichen Eid vollzogen und allen Despoten und dem »dreifach gekrönten Obermönch in Rom« Haß, der Tugend, dem Menschenwohl und der Beförderung der Aufklärung aber Liebe geschworen.

Da seit dem Gesetzbuch Josephs II., der »Nemesis Josephina«, 1787 die Todesstrafe für Zivilisten abgeschafft war, weigerten sich die Juristen, die Jakobiner hinrichten zu lassen. Sie legten dar, daß nur Taten, nicht Gesinnungen bestraft werden dürften, und daß auch die Wiedereinführung der Todesstrafe (die am 2. Januar 1795 dekretiert wurde) keine retroaktive Anwendung ermögliche. Franz II. sah sich gezwungen, von einem Sondergerichtsverfahren und Standgericht Abstand zu nehmen. Der einzige, der seine revolutionäre Gesinnung mit dem Leben bezahlte, war Hebenstreit. Ihm warf das Gericht nicht nur die Abfassung des Eipeldauerliedes und des lateinischen Lehrgedichts »Homo Hominibus« vor, sondern auch die Konstruktion einer Kriegsmaschine, die die Jakobiner im Frühjahr 1794 durch zwei Vertraute an die französische Regierung übermittelt hatten. Diese Kriegsmaschine sollte in den Schlachten zwischen der französischen Infanterie und der anstürmenden österreichischen Kavallerie zur Anwendung kommen. Sie bestand in einer Art Sichelwagen, den die Franzosen vor sich herschieben sollten, um die Beine der österreichischen Pferde abzusäbeln. Obwohl die Franzosen diesen Wagen niemals benutzten und die Revolutionsregierung die beiden Emissäre, die über die Schweiz nach Paris gekommen waren, einkerkern ließ, wurde Hebenstreit als aktiver Offizier, der dem Feind zu helfen versucht hatte, zum Tode verurteilt und am 8. Januar 1795 öffentlich auf dem Platz vor dem Schottentor hingerichtet. Auf der Brust trug er eine Tafel: »Wegen Staats- und Landesverräterei«. Da die Behörden einen möglichen Volksaufruhr befürchteten, wurde eine Kompanie Soldaten zur Aufrechterhaltung der Ordnung zur Hinrichtungsstätte befohlen; Hebenstreit versuchte, zur gewaltigen Volksmenge zu sprechen, seine Worte gingen aber im Trommelwirbel unter; nur die Worte »Solventur vincula populi« waren zu vernehmen – die Fesseln des Volks werden gesprengt werden.

Der Prozeß gegen die anderen Jakobiner zog sich bis zum Sommer 1795 hin. Weder öffentliche Ankläger noch Rechtsbeistände waren zugelassen. Gilowsky verübte noch vor der Hinrichtung Hebenstreits, am 8. September 1794, Selbstmord, indem er sich in seiner Zelle erhängte; seine Leiche wurde an den Pranger gestellt und dann gehenkt. Die übrigen österreichischen Jakobiner wurden zu langjährigen Kerkerstrafen verurteilt und zuerst in die Festung Kufstein, dann nach Graz und schließlich in die Festung Munkacz eingeliefert. Zwei Häftlinge – Gotthardi und Prandstätter – starben an den Entbehrungen in den Festungskerkern, wo sie an Armen und Beinen festgeschmiedet wurden. Von den ungarischen Jakobinern wurden acht im Mai 1795 hingerichtet, darunter ihr Anführer Martinovicz; die Hinrichtungssätte in Budapest heißt bis zum heutigen Tag die »Blutwiese«. Andere ungarische Jakobiner schmachteten gemeinsam mit den österreichischen bis 1802 in Munkacz; sie wurden nach siebenjähriger Haft amnestiert. Von der Amnestie nahm der Kaiser nur seinen ehemaligen Lehrer Andreas Riedel aus, den er zu vernichten suchte. Riedel blieb bis 1806 in Munkacz, wurde dann ins Brünner Minoritenkloster überstellt und blieb bis 1809 dort. Als nach der Schlacht bei Wagram auch Brünn von den Franzosen erobert wurde, ermöglichte der General Davout – in dem noch ein Funken jakobinischen Feuers glomm – dem 61jährigen, durch die 15jährige Einkerkerung zermürbten Riedel die Flucht und entzog ihn den Nachforschungen der österreichischen Behörden. Riedel emigrierte nach Frankreich, wo er in kümmerlichen Verhältnissen lebte. 1837 starb er 89jährig in Paris.

Die deutschen Jakobiner im Frühjahr 1793

Die Guillotinierung des französischen Königs am 21. Januar 1793 zog einen deutlichen, unverwischbaren Trennungsstrich zwischen der revolutionären Demokratie und dem obrigkeitshörigen Liberalismus in Deutschland. Viele von Humanitätsidealen erfüllte Philosophen und Dichter rückten aus moralischer Entrüstung vom »Königsmord« ab. Kant erklärte die Hinrichtung des französischen Monarchen als eine Perversion des Staatsrechts; Schiller gelangte zur Auffassung, daß es Freiheit »nur im Reich der Träume« gebe und daß »die Wohlfahrt nicht gedeihen« könne, wenn sich die Völker selbst befreiten. Ebenso wie Schiller flohen andere Aufklärer vor den brennenden Problemen der Gegenwart; manche gingen ins konservative Lager über, das die Revolution von Anbeginn bekämpft hatte; einige wurden, bewußt oder unbewußt, zu Steigbügelhaltern der Reaktion. Damit gaben sie – nach einer treffenden Bemerkung von Friedrich Engels – »ihrem alten ruhigen heiligen römischen Dunghaufen den Vorzug vor der gewaltigen Aktivität eines Volkes, das die Ketten der Sklaverei mit starker Hand abwarf und allen Despoten, Aristokraten und Priestern seine Herausforderung ins Gesicht schleuderte«. Wer hingegen wie Georg Forster Ludwigs XVI. Enthauptung als »Sicherheitsmaßregel« ansah und der Auffassung war, daß seine »Verurteilung nicht nach Gesetzbüchern, sondern nach dem Naturrecht geschehen« mußte, wurde sowohl von den Liberalen verabscheut als auch von den Konservativen verfemt und geächtet – ein Bann, der in der herrschenden deutschen Historiographie bis heute anhält. Der Regensburger Reichstag, der sich im allgemeinen um nationale Belange sehr wenig scherte und zu Beschlüssen Jahre brauchte, hatte es mit der Verdammung demokratischer Tätigkeit sehr eilig. Am 25. Februar 1793 erließ er ein

– in unseren Tagen merkwürdig aktuell anmutendes – Reichsgutachten, um

> die deutschen Reichs-Eingesessenen ihrer Treue und Pflicht gegen das deutsche Reich, ihr Vaterland und ihre Obrigkeiten aufs neue zu erinnern und sie besonders vor der gefährlichen Klasse der jetztmaligen Volksverführer, die meistens nichts zu verlieren haben und nur auf das Unglück ihrer Mitbürger eine ehr- und habsüchtige Existenz für sich zu gründen trachten, zu warnen und überhaupt alle reichsväterlich zu ermahnen, daß sie sich zu treulosen Werkzeugen der Volksaufwiegelungen ganz nicht gebrauchen, noch auch zu irgendeiner wirksamen Teilnahme an solchen Unruhen, es sei nun mit eigenmächtiger Abänderung der herkömmlichen Verfassungen, schriftlicher oder mündlicher Verbreitung der törichten Freiheits- und Gleichheitsgrundsätze, Anrichtung der Freiheitsklubs, Anstellung neuer Munizipalitäten, Repräsentanten und Administratoren, Annehmung von Stellen dabei und was dergleichen Neuerungen und Handlungen noch mehr sein mögen, verleiten lassen.

Rückte der Sieg der Revolutionäre in Frankreich die biblische Verheißung auf die Aufhebung der sozialen Unterschiede auch in Deutschland in den Bereich des Möglichen, so wurde die Erschütterung der bis dahin von der Aufklärung kaum betroffenen gesellschaftlichen Unterschichten in Deutschland durch die Propagandaschriften der Mainzer Jakobiner verstärkt. Die Durchsetzung und Verwirklichung der in dieser von Revolutionsgeist und radikaler Gesellschaftskritik erfüllten Literatur erhobenen Postulate konnte jedoch nur gelingen, wenn die demokratischen Revolutionäre von einer breiten, bürgerlichen, zu politischen Taten entschlossenen Schicht getragen wurden.

Infolge der Kleinstaaterei Deutschlands konnte sich jedoch kein nationaler Markt entwickeln; die Folge war, daß es zu keinen Ansammlungen von beträchtlichem Vermögen im Bürgertum kam, daß die Kaufleute und Händler in kleinlichem Krämergeist befangen blieben und im allgemeinen zaghaft und gedrückt im Obrigkeitsrespekt verharrten. Der einzige Ort in Deutschland, für den diese Feststellungen nicht zutrafen, war das mit dem Weltmarkt verbundene Hamburg, und dort fanden sich daher zur Zeit der Entfaltung der größten Energie des Mainzer Klubs Ende 1792 die oppositionellen Kräfte zusammen. Sonst fehlte es aber überall an einer mutigen und zielstrebigen Bürgerschicht, die gemeinsam mit den plebejischen Volksmassen, wie es in Frankreich geschehen war, den Absolutismus in Deutschland hätte stürzen und die bürokratische Bevormundung abwälzen können.

Die intellektuellen demokratischen Revolutionäre blieben in Deutschland vereinzelt, da sie dort mit Schwierigkeiten zu kämpfen hatten, mit denen die französischen Jakobiner nicht konfrontiert worden waren. In Frankreich hatte schon der Absolutismus den Staat politisch geeint; in wirtschaftlicher Hinsicht hatte sich die obere Schicht des Bürgertums durch die Ausbeutung überseeischer Gebiete bereichert und war dadurch selbstsicher und mutig geworden. Die Revolutionäre hatten es vermocht, Autorität und Befugnisse des Monarchen auf die Nation zu übertragen und damit ein neues Staatsbewußtsein, eine patriotische und volksverbundene Begeisterung für die Ideen der bürgerlichen Revolution zu erzeugen. In Deutschland hingegen mußten die Jakobiner in einem politisch und konfessionell zerrissenen und sowohl wirtschaftlich als auch bewußtseinsmäßig im Vergleich zu Frankreich rückständigen Land kämpfen. Daher blieb die demokratische Bewegung völlig von Frankreich abhängig und hatte nicht genügend Kraft, um die bestehende Ordnung aus den Angeln zu heben. Sie blieb in den ersten Stadien der Vorbereitung stecken. Zur Beseitigung der politischen und gesellschaftlichen Suprematie der traditionellen Mächte waren weitere Siege der französischen Revolutionsarmeen vonnöten.

Eine unumgängliche Voraussetzung einer demokratischen Regeneration in Deutschland war es, daß in Frankreich jene politischen Kräfte die Oberhand behielten, die die deutschen Jakobiner zu unterstützen bereit waren. Im Herbst und Winter 1792/93 war das der Fall, und die überall aufflammenden Unruhen in Deutschland zeigten, daß die Jakobinerpropaganda die ersten Erfolge aufzuweisen begann. Am 18. März 1793 jedoch erlitten die französischen Truppen bei Neerwinden in Belgien eine schwere Niederlage, die den Erwartungen der deutschen Jakobiner einen Stoß versetzen sollte, von dem sie sich nicht mehr erholen konnten.

Es ist von symbolischer Tragik, daß am gleichen Tag der »Nationalkonvent der freien Deutschen diesseits des

Rheins« in Mainz die Errichtung eines »freien, unabhängigen, unzertrennlichen Staates« proklamierte und damit zum erstenmal in der deutschen Geschichte ein auf der Basis der Volkssouveränität beruhendes republikanisches Staatswesen ins Leben rief. Die Jakobiner lösten ihren Klub auf und stellten kurz darauf die von ihnen begründeten Zeitschriften ein. Die Frage, ob sich die neugegründete Republik als selbständiger Staat konstituieren oder den Anschluß an Frankreich vorziehen sollte, wurde im »Rheinischen Nationalkonvent«, dem ersten modernen Parlament Deutschlands, tagelang debattiert.

Forster wurde vom Rheinischen Nationalkonvent nach Paris entsandt, um die Bitte vorzubringen, das Mainzer Land an Frankreich anzuschließen. Die neugebildete Republik, an deren Spitze der führende Klubist Andreas Hofmann stand, verfügte im Einklang mit den Dekreten des Pariser Konvents vom 15. Dezember 1792 die Enteignung der adligen Grundbesitzer, um die Bauern aus den Feudalfesseln zu befreien. Dieser Beschluß konnte jedoch nicht mehr verwirklicht werden, da die preußische Armee Anfang April 1793 Stadt und Festung Mainz einschloß und die Belagerung begann. Die vier Monate des Bestehens der Mainzer Republik stellten nicht mehr als eine lange Agonie dar.

Georg Forster

Eulogius Schneiders Untergang

Die Niederlage des girondistischen Generals Dumouriez bei Neerwinden führte zum Verlust Belgiens und des Rheinlands, so daß die von der Gironde im Herbst 1792 proklamierten Kriegsziele, die Segnungen der Revolution auf den Spitzen der Bajonette zu exportieren, gescheitert waren.

Infolge der militärischen Schlappen geriet das Elsaß wieder in unmittelbare Frontnähe. Am 13. April 1793 beschloß der Pariser Konvent auf Drängen Robespierres, die kosmopolitischen Losungen fallenzulassen und sich nicht mehr in Angelegenheiten anderer Völker einzumischen. Dies bedeutete, daß die Franzosen von ihren früheren Losungen zur Befreiung der anderen Völker abrückten. Damit entstand ein ideologischer Gegensatz zwischen den Zielen der französischen und der deutschen Jakobiner: Frankreich kämpfte von nun an nicht mehr um das Glück der Menschheit, sondern um die eigene nationale Existenz. Während die deutschen Jakobiner an den weltbürgerlichen Befreiungsparolen festhalten mußten, weil sie zum Umsturz der Feudalordnung in Deutschland auf französische Hilfe angewiesen waren, sah die Konzeption der radikalen Jakobiner in Frankreich, namentlich Robespierres und St. Justs, den Konflikt als nationalfranzösischen Verteidigungskampf zur Sicherung der sozialen Errungenschaften an. Seit dem Frühjahr 1793 wuchs daher im Bewußtsein zahlreicher Franzosen Mißtrauen und Haß gegen alle Fremden – auch gegen erprobte Revolutionäre wie Schneider – allmählich an.

Der patriotische Kosmopolit, der sein eigenes Geschick mit der Revolution auf Gedeih und Verderb verknüpft hatte, erkannte die komplexen Widersprüche der nationalen Frage nicht, sondern führte die einsetzende Fremdenfeindschaft auf die Böswilligkeit und Niedertracht von politischen Gegnern aus dem wohlhabenden Bürgertum zurück. In einigen Reden im Straßburger Jakobinerklub forderte er, Anklage gegen die Führer der Gironde wegen Verrats zu erheben, und drängte auf eine Verfassung, die die egalitären Ideale der Demokratie staatsrechtlich verankern und auch die Minderbemittelten instandsetzen sollte, die politischen und sozialen Früchte der Revolution zu genießen.

Als im Juni 1793 die Gironde gestürzt wurde und die Alleinherrschaft der Jakobiner begann, mußten die wenigen Publizisten in Deutschland, die den demokratischen Idealen treu blieben, die Hoffnungen auf französische Unterstützung vollends fallen lassen. Ihre politische Position war schwach. Sie waren isoliert und konnten nicht auf ein entschlossenes Bürgertum rechnen, das sie mit ihren patriotischen und republikanischen Ideen hätten unterstützen müssen. Sie blieben daher auf militärische Niederlagen der beiden deutschen Großmächte und auf tatkräftige Unterstützung durch Frankreich angewiesen. Die jakobinische Revolutionsregierung Robespierres war jedoch im entscheidenden Jahr 1793 mit der Verteidigung Frankreichs gegen den Ansturm der Konterrevolution beschäftigt. Robespierre distanzierte sich wiederholt von einem Export der Revolution mit dem Hinweis, daß man bewaffnete Missionare nirgends liebe. Daher konnten die deutschen Jakobiner seit dem Fall von Mainz im Juli 1793 nicht auf Hilfe von ihren französischen Gesinnungsgenossen rechnen.

Angesichts des Ansturms der Konterrevolution und des Bürgerkrieges entschloß sich die Jakobinerregierung Frankreichs zur Mobilisierung aller Waffenfähigen und zu drastischen Zwangsmaßnahmen auf wirtschaftlichem Gebiet. Am 23. August wurde die »Levée en masse« verkündet, einen Monat später setzte man Höchstpreise für die wichtigsten Mittel des täglichen Bedarfs fest.

Trotz der Proklamierung des allgemeinen Volksaufgebots hielt die Gefahr für das Elsaß unvermindert an, weil sich die Rheinarmee in kläglichem Zustand befand. Schneider drängte in seinem Journal die Jakobinerregierung, das

Hungergespenst zu bannen, die betrügerischen Armeelieferanten, Preistreiber und Aufkäufer zur Rechenschaft zu ziehen und den schreienden Kontrast zwischen dem Luxus der wenigen und dem Elend der vielen zu beseitigen. Als die zur Verzweiflung getriebenen Pariser Volksmassen zum Sturm auf den Konvent rüsteten, entschloß sich die jakobinische Bergpartei zur Waffe des revolutionären Terrors. Der Nationalkonvent erließ Gesetze, die den konterrevolutionären Verrat unterbinden und die verhängnisvollen Auswirkungen der Inflation und der Spekulation verhindern sollten. Schneider kommentierte diese Dekrete mit Genugtuung:

»Die Aristokratenbande im Innern, weiland so mächtig, so verwegen, liegt jetzt ohnmächtig an der Erde und wird nie wieder emporbrüllen, so lange man fortfährt, das Gesetz, welches sie niederschmetterte, unerschrocken und mit Nachdruck auszuüben. Die Regierung hat jetzt einen vielumfassenden, majestätischen Gang genommen.«

Schneider betonte, daß nur eiserne Entschlossenheit, straffe Organisation, unbarmherziger Terror und Heranziehung aller materiellen Hilfsquellen die Revolution vor ihren inneren und äußeren Feinden retten könnten. Es war großenteils Schneiders Energie und Umsicht zuzuschreiben, daß Straßburg nicht den Österreichern in die Hände fiel. Die Invasion wurde zum Stehen gebracht. Der Bedarf an Brot erhöhte sich jedoch wegen des Einströmens zahlreicher Flüchtlinge in die Stadt sprunghaft, und das Elend der Unbemittelten, die die Wucherpreise nicht bezahlen konnten, stieg ins Unerträgliche. Die Volksbeauftragten waren zu den energischen Maßnahmen gezwungen, die Schneider seit langem gefordert hatte. Man verhaftete Hunderte Beamte, Dorfschulzen und Priester, die man der Verbindung mit dem Feind verdächtigte; Schneider wurde zum öffentlichen Ankläger beim neugegründeten elsässischen Revolutionstribunal ernannt. Es wurde eine Revolutionsmiliz aufgestellt, die polizeiähnliche Aufgaben übernahm.

Der Pariser Wohlfahrtsausschuß entsandte zwei Mitglieder, St. Just und Lebas, nach Straßburg, um die Armeedisziplin herzustellen und die Schuldigen an der Niederlage zur Rechenschaft zu ziehen. Sie forderten Schneider auf, unverzüglich mit der Arbeit des Tribunals zu beginnen und mit schonungsloser Härte vorzugehen. Am 29. Oktober ritten Schneider, die Mitglieder des Tribunals und des Revolutionsausschusses unter Mitnahme einer fahrbaren Guillotine durch die Stadt. Schneider verkündete, daß der Tag der blutigen Abrechnung mit den unpatriotischen Schwarzmarkthändlern gekommen sei:

»Jetzt wird das vom Aristokratismus ganz verpestete Straßburg kuriert. Jetzt müssen die reichen Wucherer vor der Guillotine, der großen zweibeinigen Maschine mit dem Krautmesser, ebenso oft Bücklinge machen wie weiland die Hofschranzen vor Ludwig dem Abgekürzten!«

Die Bedürftigen erhielten Geldsummen zum Kauf der Nahrungsmittel, die von den Wohlhabenden eingetrieben wurden. Die Revolutionsmiliz sollte durch Beschlagnahme lebenswichtiger Güter die Heeresversorgung sichern; diese Truppe wurde aus innerfranzösischen Gebieten rekrutiert, die des Deutschen nicht mächtig waren. Das gewalttätige und hochfahrende Auftreten dieser »Propagandisten«, die bald im Straßburger Jakobinerklub den Ton anzugeben begannen, führte zu Zusammenstößen mit der einheimischen Bevölkerung. Angehörige dieser Miliz forderten, alle Elsässer, die sich der »deutschen Sklavensprache« bedienten, einzukerkern und zu deportieren, ja sogar Massenhinrichtungen vorzunehmen. Die »Propagandisten« wandelten das Straßburger Münster in einen »Tempel der Vernunft« um und zerstörten zahlreiche Heiligenbilder, Altäre und Statuen. Die Volksrepräsentanten erteilten ihnen die Erlaubnis, die Kirchen in Versammlungslokale zu verwandeln.

Schneiders Kosmopolitismus lehnte alle nationalen Vorurteile der »Propagandisten« ab, er glaubte noch immer an Frankreichs Menschheitsmission. Damit entfernte er sich jedoch rapide von den Überzeugungen der französischen Revolutionsregierung. St. Just glaubte ebenso wie Robespierre an die Existenz einer weitverzweigten Verschwörung der ausländischen Konterrevolution, die die in Frankreich lebenden weltbürgerlichen Fremden als ihre Werkzeuge benutzte. Er lieh daher den vom Bürgermeister Monet und dem Straßburger Patriziat ausgestreuten Gerüchten sein Ohr, daß Schneider und seine Anhänger mit feindlichen Agenten in Verbindung stünden und das Land dem Feind auszuliefern beabsichtigten. Ein weiterer Grund, weshalb Schneiders Stellung erschüttert und schließlich unhaltbar wurde, war seine energische Parteinahme für die besitzlosen Sansculotten. Seine gellenden Rufe nach gesellschaftlicher Gleichheit und Intervention des Staates im wirtschaftlichen Bereich zugunsten der hungernden und kämpfenden Volksmassen, seine unerschütterlichen Forderungen nach Gewaltmaßnahmen gegen Preistreiber und Spekulanten gingen über die Ideologie der jakobinischen Bergpartei hinaus, die prinzipiell jede Sozialbindung des Eigentums ablehnte. Die Jakobiner, die die Aspirationen der Sansculotten auf Mitspracherecht in öffentlichen Angelegenheiten, ökonomische Chancengleichheit und egalitäre Besitzumschichtung negierten, sahen die Konzentration der gesamten Macht in der eigenen Hand als Bedingung des Sieges an und duldeten keine Kritik ihrer Gesellschaftspolitik. St. Just und Lebas empfanden daher die wütende und lautstarke Polemik Schneiders hinsichtlich der weiterbestehenden Sozialunterschiede zwischen reich und arm als unerträglich und entschlossen sich, den selbstbewußten deutschen Kosmopoliten, der über eine große Anhängerschaft verfügte und sich mit den Sansculotten solidarisierte, unschädlich zu machen.

Schneiders Sturz stand bereits Ende November 1793 fest; seine Gegner befürchteten jedoch, daß seine Beseitigung zu unerwünschten Tumulten führen könne, und suchten ihn zu isolieren. Um seine Parteigänger von ihm abspenstig zu machen, mußte man eine konkrete Beschuldigung finden. Obwohl das Revolutionsgericht bis dahin alle Angeklagten, auch solche aus der elsässischen Provinz, nach Straßburg vorgeladen – und auch seit dem Eintreffen der beiden Prokonsuln aus Paris 18 Todesurteile gefällt und vollzogen – hatte, ordneten St. Just und Lebas am 1. Dezember an, daß sich das Tribunal unter Mitnahme der fahrbaren Guillotine in einige Landstädte und Dörfer zu begeben habe, um die Feinde der Republik zu bestrafen. Auf Schneiders Antrag verurteilten die Richter mehrere Krämer, Bauern und Pfarrer, die konterrevolutionäre Reden geführt, Wucher getrieben, Lebensmittel versteckt und mit dem Feind in Verbindung gestanden hatten, zu Geldbußen, Konfiszierung ihres Vermögens, Gefängnisstrafen und Deportation. Das Tribunal verhängte auch elf Todesurteile, die an Ort und Stelle vollzogen wurden.

Auf seiner Rundreise durch die elsässische Provinz lernte Schneider Sarah Stamm, die Schwester eines bekannten elsässischen Jakobiners, kennen. Er verfiel auf die Idee, sie zu heiraten, um dem Zugriff seiner Gegner zu entrinnen; denn ein wenige Wochen zuvor erlassenes Konventsdekret verbot die Einkerkerung und Deportierung verheirateter Geistlicher. Allerdings war es zweifelhaft, ob diese Bestimmung auf ihn anwendbar war, da er ja dem Priestertum öffentlich abgeschworen hatte.

Das Aufgebot fand am 14. Dezember 1793 im »Tempel der Vernunft«, der ehemaligen Kirche von Barr, einem Marktflecken, statt. Am Nachmittag begaben sich das Paar, die Brauteltern und die Mitglieder des Revolutionsgerichts nach Straßburg. Da die Landstraßen vom Regen aufgeweicht waren, mußten sechs Rösser angespannt werden. Beim Stadttor, auf dem die Trikolore wehte, zogen die neben der Kutsche reitenden Soldaten der Nationalgarde, die dem Tribunal das Geleit gaben, ihre Säbel, um der Fahne Ehre zu erweisen.

Diesen feierlichen Einzug, der für einen Mann in Schneiders Position nichts Ungewöhnliches war, nahmen St. Just und Lebas zum Anlaß, um Schneider verhaften zu lassen. Sie behaupteten, daß er durch seine übermäßige Pracht das geheiligte Gleichheitsprinzip aller Bürger verletzt habe.

> »Gedachter Schneider soll morgen von zehn Uhr morgens bis zwei Uhr nachmittags auf dem Schafott der Guillotine dem Volk zur Schau ausgestellt werden, um die den Sitten der Republik angetane Schmach zu büßen, und soll alsdann nach Paris zur Aburteilung geführt werden.«

Schneider wurde um elf Uhr nachts in seiner Wohnung festgenommen und in den Kerker geworfen. Am nächsten Tag brachte ihn eine Abteilung Soldaten zum Paradeplatz, wo die Guillotine stand. Als man ihn hinderte, die zahlreiche Menge anzureden, rief er verzweifelt: »Ich bin noch nicht verhört, noch nicht gerichtet! Es lebe die Republik!« – Er mußte seinen Mantel mit den Insignien des öffentlichen Anklägers ablegen und wurde an die Guillotine gefesselt. Dort blieb er im Eisregen einige Stunden stehen, von einem gaffenden Publikum verhöhnt. Wegen der starken militärischen Bewachung konnten seine Freunde nicht zu ihm vordringen.

Nach seinem Eintreffen im Pariser Kerker richtete Schneider eine Bitte um Freilassung an den Pariser Jakobinerklub. Er wies darauf hin, daß er seit seiner Ankunft im Elsaß den Verrat und die Komplotte der Aristokraten und Girondisten aufs entschiedenste bekämpft, die Wucherer und Schieber bestraft und alle Konventsdekrete befolgt habe.

Schneiders Sturz wurde in Straßburg nicht widerspruchslos hingenommen. Seine Freunde protestierten und verlangten in einem gemeinsam unterschriebenen Brief seine Freilassung. Auf das Betreiben des Bürgermeisters Monet wurden daraufhin die aus Deutschland eingewanderten revolutionären Demokraten aus dem Jakobinerklub ausgeschlossen und als angebliche Konterrevolutionäre verhaftet. Auch fünf elsässische Jakobiner, die zu den engen Freunden Schneiders gehört hatten, darunter Jung und Wolff, traf dasselbe Schicksal. Mehrere der Verhafteten wurden in den folgenden Monaten zum Tode verurteilt und hingerichtet; andere saßen jahrelang im Kerker.

Der von Schneiders Parteigängern gesäuberte Straßburger Jakobinerklub übersandte an den Pariser Sicherheitsausschuß eine Anklageschrift, die eilig und liederlich zusammengekleistert war. Dieses Dokument bezichtigte den ehemaligen Mönch, dessen Bedürfnislosigkeit und Unbestechlichkeit allgemein bekannt waren, Nationaleigentum entwendet und unterschlagen, willkürliche Erpressungen unschuldiger Bürger vorgenommen, Frauen mißbraucht und sich mit dem Vermögen der Verurteilten und Hingerichteten bereichert zu haben. Waren diese Anwürfe aus der Luft gegriffen, so beruhten die Angaben, daß Schneider mehrere katholische Geistliche zur Einwanderung ins Elsaß veranlaßt und ihnen Posten verschafft hatte, auf Wahrheit. Dies wurde als konterrevolutionäre Tätigkeit ausgelegt; Schneider habe eine Verschwörung stiften wollen, die Vernichtung der französischen Freiheit im Schilde geführt

Versammlung des Jakobinerklubs in Paris um 1790

und seine mitschuldigen Freunde zu »einer ihm treuen und verbindlichen Schmeichlerbande zu machen« gewußt.

Auf diese Straßburger Denunziation bezog sich Robespierre, als er am 5. Februar 1794 über »die Grundsätze der politischen Moral« eine Rede im Konvent hielt. Der Jakobinerführer schmückte die gegen Schneider erhobenen Beschuldigungen breit aus und sagte:

»Der tyrannische Wahn dieses Mannes macht alles wahrscheinlich, was man sich von Caligula und Heliogabal erzählt. Sein Wahnsinn trieb ihn so weit, daß er die unter Anklage stehenden Frauen mißbrauchte; man behauptet sogar, daß er sich dieser Methode bediente, um zu heiraten. Woher kommt nur so plötzlich dieser Schwarm von Ausländern, Priestern, Adligen und Intriganten jeglicher Art, die sich heute auf dem Boden der Republik breitmachen, um einen Plan der Konterrevolution auszuführen? Eine abscheuliche Konzeption, die der Phantasie der ausländischen, gegen die Freiheit verbündeten Höfe und der Verderbtheit aller inneren Feinde der Republik entsprungen ist!«

Obwohl damit der Stab über Schneider gebrochen war, gab dieser seine Sache noch nicht verloren. Er glaubte noch immer, das Opfer eines tragischen Mißverständnisses geworden zu sein, und suchte in einem Brief aus dem Kerker,

Robespierre von seiner Unschuld zu überzeugen und seine Rehabilitierung zu erreichen:

»Man hat dich betrogen, Robespierre! Du warst, ohne es zu wissen, das Werkzeug der schwärzesten, schändlichsten Verleumdung! Wisse, daß ich all meine Kräfte stets dem Wohl des Volks aufgeopfert habe! Wisse, daß ich viele gekränkte Patrioten gerettet, viele freiheitsmörderische Pläne aufgedeckt habe. Wisse, daß ich es bin, der Empörungen und Unruhen dämpfte und den Ausbruch des Bürgerkriegs im Elsaß verhinderte. Wisse endlich, daß ich geboren bin als Sansculotte, daß ich gelebt habe als Sansculotte, und daß ich zu sterben weiß als Sansculotte.«

Die Bemühungen Schneiders um Rehabilitierung hätten nur erfolgreich sein können, wenn in dem zwischen Jakobinerbourgeoisie und Volksbewegung tobenden Machtkampf, der seinen letzten Höhepunkt im Februar und März 1794 erreichte, die Sansculotten die Oberhand gewonnen hätten. Dies war wegen der bestehenden Kräftekonstellation unmöglich. Nur das Bürgertum besaß die notwendige politische und wirtschaftliche Reife, um die Revolution anzuführen und zu vollenden. Die Jakobinerregierung, die die genuinen Führer der Pariser Sansculotten schon im Herbst 1793 politisch vernichtet hatte, war entschlossen, alle selbständigen Willensäußerungen des Plebejertums zu ersticken. Robespierre ließ Mitte März die im Namen der Sansculotten auftretenden Jakobiner wie Hebert verhaften und zehn Tage später vom Revolutionstribunal zum Tode verurteilen.

Die Vernichtung der »ultrarevolutionären« Fraktion Heberts besiegelte Schneiders Untergang. Der Wohlfahrtsausschuß sah die beiden Grundprinzipien des deutschen Freiheitspredigers, nämlich Weltbürgertum und Identifizierung mit den sozialen Bestrebungen der Sansculotten, als zwei Seiten der gleichen Medaille an und legte sie als konterrevolutionäre Tätigkeit aus. Die Richter verurteilten den Angeklagten einstimmig zum Tode.

Nach der Urteilsverkündung prophezeite Schneider den Richtern, daß sie ihm in kurzer Zeit nachfolgen würden und rief aus: »Ihr konntet den Feinden Frankreichs keinen größeren Gefallen tun, als mich zum Tode zu verdammen!« – Noch auf dem Wege zur Guillotine beteuerte er seine Unschuld.

Die Revolutionssympathien deutscher und österreichischer Handwerker und Bauern

Während der Entscheidungsschlachten im Herbst und Winter 1793/94 und auch nach dem Sturz der französischen Jakobinerherrschaft mußten die demokratischen Publizisten Deutschlands, soweit es die Zensur zuließ, sich darauf beschränken, den französischen Kanonen auch weiterhin mit der Feder zu Hilfe zu kommen. In ihren Journalen suchten sie ihren Lesern ein richtiges Bild vom Heroismus der einfachen Menschen Frankreichs zu vermitteln und betonten, daß die Sansculottenheere der Republik die Freiheitshoffnungen ganz Europas gegen die Söldner der feudalen Konterrevolution verteidigten.

Einige preußische Feldprediger, die an den Feldzügen gegen Frankreich teilnahmen, verfaßten Augenzeugenberichte, aus denen die Hoffnungen der deutschen Bevölkerung auf einen Sieg der Revolutionstruppen hervorgehen. In den anonymen »Reminiszenzen aus dem Feldzuge am Rhein in den Jahren 1792 bis 1795«, die wahrscheinlich aus der Feder des Feldpredigers Friedrich Gottlob Michaelis stammen, heißt es:

> Wer verargt es den jenseitigen Rheinbewohnern, daß sie die Franzosen nicht ungern sahen, und, wenn sie nur nicht von den Sansculotten zu sehr heimgesucht wurden, sie gern mit allem möglichen unterstützten, und weiter: Überall, wo die französische Armee hinkam, fand sie unter allen Ständen Freunde und Anhänger. Man hoffte durch ihre Gegenwart sehr bald eine neue Ordnung der Dinge beginnen zu sehen, die den größeren Haufen nie gekannte Glückseligkeiten verschaffen, ihnen Ämter, Würden, Ansehen und Vermögen bringen würden, die sie nach den alten Landesverfassungen nicht erwarten durften. Solange die angrenzenden Länder nicht zu sehr mit Erpressungen heimgesucht, nur die Reichen geplündert und die Armen verschont wurden, waren die republikanischen Truppen lieber gesehen und besser verpflegt und bewirtet als die koalisierte Armee, die zu ihrem Schutz da zu sein vorgab.

Andere Beispiele belegen, daß die Revolutionstruppen auch noch 1793 und 1794 auf ungetrübte Sympathien stießen, was auch von anderen Zeitgenossen bestätigt wird, etwa von Fichte, der im Mai 1794 am Rhein weilte und Mannheim und Frankenthal passierte:

In Frankenthal lagen eben, indem ich vorbeireiste, die Franzosen und Preußen einander in den Haaren. Die Stimmung der Einwohner, deren Ländereien durch die Franzosen verwüstet sind, ist dennoch sehr zu ihrem Vorteil. Der gemeine Mann liebt sie, und wer nichts hat, den ernähren sie; nur die privilegierten Stände sind wütend gegen sie.

Etwa zur gleichen Zeit hielt sich der Schriftsteller Aloys Wilhelm Schreiber in Mannheim auf. Schreiber, ein aufgeklärter, liberal eingestellter, jedoch keineswegs mit der Revolution sympathisierender Mann, berichtet Ähnliches:

Man sagt mir, daß die Pfälzer sehr viel Vorliebe für den Sansculottismus äußerten, und daß die Mannheimer – die bei den unter ihren Augen vorfallenden Attacken auf die Wälle laufen, wie die Spanier zu einem Stiergefecht und die Briten zu einem Hahnenkampfe, um sich zu amüsieren, – den Neufranken brüderlich die Tore öffnen würden, so es in ihrer Macht stünde. Die Pfälzer sind im ganzen ein frivoles, neuerungslustiges Völkchen, und daher läßt sich ihre Neigung für die rote Mütze, als eine neue Mode, erklären. Freilich sollten sie durch die Ruinen der benachbarten Schlösser, welche durch die Freiheitsfackel in Brand gesteckt wurden, auf andere Gedanken gebracht werden.

Der preußische Feldprediger und Unterhaltungsschriftsteller Lafontaine kam schließlich zu der Einsicht, daß ›ein nicht unbeträchtlicher Teil der Bewohner der Rheingegenden sich dem französischen System hinneigte.‹ Er hebt dabei hervor, daß dies nicht ›bloß aus Verlockung‹ geschehen sei. Dies pflege man öfters ›viel zu hoch anzuschlagen ohne zu bedenken, daß glückliche Untertanen eines gerechten Regenten nicht leicht zu verlocken sind.‹

Zu den Propagandisten der Französischen Revolution in Deutschland zählten zahlreiche wandernde Handwerksburschen, die die Umwälzung in Frankreich teilweise selbst miterlebt hatten und die revolutionäre Kunde überall verbreiteten; sie kannten die emanzipatorischen Errungenschaften viel besser als der seine Scholle bearbeitende Bauer. Auf die »Pfuscher« – also Handwerksgesellen, die wegen Geldmangels sich keinen Meisterbrief kaufen konnten und deshalb in Kellern und Dachböden illegal arbeiteten und ein elendes Leben führten – wirkten die Nachrichten von der in Frankreich erfolgten Gewerbefreiheit und Aufhebung der Zünfte revolutionierend.

Die in vielen Kleinstaaten und Reichsstädten ausbrechenden sozialen Unruhen blieben im allgemeinen unkoordiniert und sanken nach Anfangserfolgen wie Strohfeuer in sich zusammen. Die in den Archiven erhalten gebliebenen Dokumente geben ein erschütterndes Bild der Not und Rechtlosigkeit der Unterschichten und zeigen ihren Haß auf die bestehende Gesellschaftsordnung und ihre wachsende Erkenntnis von der Notwendigkeit einer revolutionären Umgestaltung. Die Sinnlosigkeit des ungerechten, nur dem dynastischen Fürsteninteresse dienenden Kriegs gegen das revolutionäre Frankreich sowie der abgrundtiefe Interessengegensatz zwischen den einfachen, zum Kriegsdienst gepreßten Bauern und ihren Herrschaften kommt gut in einem anonymen Lied aus dem Salzburgischen zum Ausdruck:

Bauernlied gegen den Krieg

Für's Vaterland zu sterben
Wünscht mancher sich.
Zehntausend Taler erben
Das wünschte ich.
Das Vaterland ist undankbar, –
und dafür sterben? – O du Narr!

Das Geld schafft frohe Stunden,
Die wünscht' ich mir.
Im Krieg bekommst du Wunden,
Kein Brot, kein Bier.
Statt Speisen Schläge ohne End,
Mit »Himmel-Tausend-Sakerment!«

Was kümmern mich die Großen,
Die Narren die.
Schon Ströme Blutes flossen
Dahin für sie!
Wer Händel hat, mach selbe aus, –
Ich bleib bei meinem Geld zu Haus.

Bei Höfen und Palästen
Ist kein Gefühl,
Da fressen sie und mästen
Sich in der Still.
Indessen die Kanone kracht
Und tausend Menschen elend macht.

Zum Krüppel nur geschossen
Muß mancher hier,
Vom Vaterland verstoßen
Verschmachten hier.
Ich sah oft manchen Tropf schon gehn,
Der kaum vor Elend anzustehn.

Und würd ich nun zerschmettert
Fürs Vaterland,
Wenn Blitz und Donner wettert
Aus Feindes Hand,
Wer nähme sich der Meinen an,
Wer tröstet sie und nährt sie dann?

Nein, nein, ich bleib zuhause,
In Fried und Ruh.
Geht, Fürsten, selbst vom Schmause
Dem Schlachtfeld zu!
Schlagt eure eignen Köpfe wund!
Der Bauer ist kein Budelhund.

Dieser Aufschrei des gequälten, zum »Budelhund« erniedrigten Bauern war gleichsam das Echo auf eine Flugschrift, die gegen die Unmenschlichkeit des Kriegs protestierte und seine sofortige Beendigung forderte.

Wiederholter Aufruf an die deutsche Nation, 1794

Habt ihr vernommen, ihr deutschen Völker, das neue Aufgebot des Hauses Österreich? Wie, ihr wollt wieder hundertundzwanzigtausend Mann zur Schlachtbank führen lassen? Ihr wollt eure noch übrigen kraftvollen Jünglinge dem ungerechten Krieg, der gegen die (französische) Freiheit und gegen die Menschenrechte geführt wird, aufopfern? Schon so viele Tausende eurer blühendsten Jünglinge wurden eine Beute des Krieges – blieben als unschuldige Opfer auf dem Schlachtfeld, und ihr wollt wieder hundertundzwanzigtausend Jünglinge töten lassen? Was tut ihr, ihr Völker? Was sagt euch euer Herz? Was sagt euch euer Gewissen? Hat Gott euch eure Söhne dazu gegeben, daß ihr sie dem Kriege, dem Schwerte, dem Kriegsfeuer, der Verstümmelung, dem jämmerlichsten Tode preisgebt? Oder meint ihr, ihr werdet das Frankenvolk überwinden?

Ha! sie ist überwindlich – die Frankennation, denn sie streitet und kämpft und ringt für Freiheit – für Menschenrechte. Die Freiheit begeistert sie; die Freiheit flößt ihr Mut ein; die Freiheit stählt ihre Kräfte. Die Menschheit, deren Rechte die Frankennation verteidigt, steht ihr zur Seite und hilft ihr siegen. Wohin die Frankennation sich wandte, beleitete sie das Glück; überall waren siegreich ihre Waffen. Jedes feindliche Heer, das der Freiheit heiliges Land betreten und entweihen wollte, entfloh vor ihrer starken Hand – entfloh vor ihrem kräftigen Arme.(. . .)

Wie viele junge Leute werden noch in euren Ländern, ihr Deutschen, übrigbleiben, wenn ihr abermals hundertundzwanzigtausend Mann ausheben wollt? Wer wird eure Äcker, wer wird eure Werkstätten besorgen? Teuerung, Hungersnot, Seuchen und Krankheiten, Pest und Tod werden die schrecklichen Folgen eurer Verblendung sein.

Geschieht diese Truppenaushebung freiwillig oder gezwungen? Widersprechen aber Zwangsmittel nicht allen Menschenrechten? Oder wollt ihr auf alle Menschenrechte verzichten? Wollt ihr solchen befehlen, die von der Grausamkeit und Unmenschlichkeit eingegeben werden und auf die gänzliche Vernichtung aller Freiheit und aller Menschenrechte abzielen, Gehorsam leisten?

Sollten die deutschen Völker nicht die Frankennation segnen, weil sie für die heilige Freiheit aller Völker streitet? Sollten sie ihr nicht zu ihren außerordentlichen Fortschritten Glück wünschen? Sollten sie ihr nicht Beistand und Unterstützung schenken? Sollten sie sie nicht als die Wiederherstellerin der Freiheit und der Menschenrechte verehren?

Ha! und ihr hört es kaltblütig und gelassen an, daß die Tyrannen ein neues Blutopfer von hundertundzwanzigtausend Mann fordern, daß die Tyrannen befehlen, daß Bürger ihre Mitbürger, Menschen ihre Mitmenschen, Bürger ihre Brüder verstümmeln, erwürgen, morden?

Wie lange, o deutsche Nation, wirst du dich noch mißbrauchen lassen? Bedenke doch endlich, welches Verderben du dir selbst dadurch bereitest, daß du an dem Kriege, welchen verbündete Könige mit Frankreich führen, Anteil nimmst! Weißt du nicht, daß schon vor diesem Kriege deine meisten Fürsten stark verschuldet waren? Wie sehr wird nicht diese Schuldenlast durch diesen ungerechten und schändlichen Krieg angehäuft werden! Und wer wird diese Schulden bezahlen? Die Fürsten, die sie gemacht haben? Womit werden sie diese Schulden bezahlen?

Mit ihrem Fleiße, mit ihrer Arbeitsamkeit, mit ihrer Sparsamkeit, mit ihrem Schweiße? Oder vielmehr mit eurem Fleiße, ihr Völker deutscher Nation, mit eurer Arbeitsamkeit, mit eurer Sparsamkeit, mit eurem Schweiße? Und ihr, ihr deutschen Bürger, bestreitet eine Nation, eure Nachbarin, welche für Freiheit, für Menschenrechte, für Volksglück kämpft, damit auch ihr von euren Fürsten in den nämlichen Abgrund hinabgeschleudert werdet, aus welchem sich eure Nachbarn, die Franken, mit so viel Mühe herauswinden? Wird (nicht) die ungeheure Menge der besoldeten Soldaten das deutsche Reich zu

Boden drücken und umstürzen, weil die Hände nicht mehr zureichen werden, Brot für sie zu gewinnen? Siehe, du Landmann, siehe, du Handwerksmann! Ihr arbeitet, damit von eurem sauren Schweiße so viele tausend und tausend Soldaten, die nicht arbeiten, ernährt und von euren Fürsten blutige Kriege geführt werden können. Du gibst sogar deine Söhne her, die dir im Alter deine Arbeiten erleichtern könnten, damit sie ihre Mitmenschen, die weder euren Söhnen noch euch jemals etwas zuleide getan haben, ermorden oder sich von diesen töten lassen sollen. Der Arm, der den Franken tötet, würde dich, o Landmann, o Handwerksmann, in diesem Alter unterstützen, und nun mußt du ihn entbehren; die Hand, welche jetzt das Rohr, um den Franken zu zerschmettern, ergreift, würde dir, o Landmann, o Handwerksmann, einst in diesem Tode das Auge zudrücken, und nun mußt du auch dieses Trostes dich beraubt sehen; der Sohn, welcher jetzt nur einem Franken das Leben nimmt und dadurch einer Mutter ihren Sohn raubt, würde nach deinem Tode, o Landmann, o Handwerksmann, deiner Gattin deinen Verlust ersetzen, die Witwe Stecken und Stab in ihrem Alter sein, die Mutter in Krankheiten pflegen und warten, deine jungen Geschwistern, deine übrigen Kinder, ernähren, versorgen, erziehen; und nun mußt du dein Weib ohne Sohn, ohne Stütze, ohne Stecken und Stab im Tode hinter dich zurücklassen! Kannst du – kannst du dieses vor Gott und Menschen, vor deinem eigenen Gewissen verantworten? Was willst du – was wirst du antworten, wenn das Blut des Franken, wenn die Seufzer seiner Mutter, wenn die Seufzer deines eigenen Weibes zu Gott um Rache wider dich schreien, daß du deinen Sohn zum Menschenmörder aufzogst und auslieferst?

Wie lange, o deutsche Nation, wirst du dich noch mißbrauchen lassen? Wisse, daß du dir die Fesseln, welche du schon Jahrhunderte hindurch trägst, weil du sie tragen wolltest, selber noch mehr stählst und drückender machst, indem du den Königen beistehst, welche Frankreich deswegen bekriegen, weil sie die Bewohner Frankreichs nicht in Freiheit sehen können, weil sie wissen, daß die Menschen durch Freiheit glücklich werden, weil sie befürchten, ihre Völker möchten selbst nach Freiheit streben, wenn sie das

Frankenvolk durch die Freiheit beglückt sehen würden! Wisse, daß dich deine Könige so mit Fesseln belegen, so mit Ketten belasten, so mit Bürden beschweren werden, daß du nicht einmal die Kraft haben wirst, (dich) von dem Staube der Sklaverei, in welchem du dich herumwälzen wirst, nur ein wenig emporzuheben! Bedenke die ungeheure Schuldenlast, welche durch so viele Kriege, die die Könige geführt haben, und besonders durch den gegenwärtigen Krieg aufgehäuft worden ist – welche Anstrengungen, welche Arbeiten, welche Aufopferungen wird sie nicht verursachen! Und wer wird sich anstrengen müssen, ihr oder die Könige? Wer wird arbeiten und Geld verdienen, ihr oder die Könige? Wer wird Aufopferungen machen, ihr oder die Könige? Alle diese Fragen werdet ihr euch selbst beantworten können; ihr werdet selbst einsehen, daß die Könige, um ihre Schulden zu bezahlen, die Völker ganz aussaugen werden und daß sie daher die Völker in Dummheit und in Sklaverei zu erhalten suchen werden, damit sie sich geduldig aussaugen (lassen). Wie furchtbar werden eure Fesseln klirren, deutsche Völker! Fürchterlicher, schrecklicher, grauenvoller noch, als sie schon seit so vielen Jahrhunderten um die Thronen der Könige herklirrten, werden eure Fesseln klirren, daß der Weise und Edle darob im Innersten seines Herzens ergrimmen wird.

Lest in den Annalen der deutschen Nation, wie viele Unschuldige in Gefänignisse geworfen worden sind, ohne ihnen die Ursache ihrer Gefangenschaft zu sagen, ohne ihnen die Wohltat eines Verhörs zustatten kommen zu lassen, ohne ihnen das Recht der Verteidigung einzuräumen! Der Haß eines ränkevollen, habsüchtigen und ehrgeizigen Ministers, der beleidigte Stolz oder die unbefriedigte Wollust einer Mätresse, die Feindschaft eines Kammerdieners oder eines Kammermädchens waren oft hinreichend, um den Wohlstand einer ganzen Familie zu zerstören, weil es der Fürst gebot. (. . .)

So mißhandelten die Könige und Fürsten bisher ihre Völker – wie wird es euch, ihr Völker, ergehen, wenn in Zukunft eure Fesseln noch enger, noch stärker, noch gestählter sein werden? Sie werden euch in solche Fesseln schmieden, die ihr werdet zerschmettern – wollen, aber nicht – können. Schon machen die Könige Anstalt, euch in den Staub der niedrigsten Sklaverei niederzustoßen. Schon verbieten sie freundschaftliche und unschuldige Zusammenkünfte; schon senden sie Spione aus, schuldlose Bürger zu belauschen und sie wegen einiger unbedachtsamer und freier Worte zu fangen, um sie in den Kerker werfen und ihnen ihre Habe abnehmen zu können; schon verbieten sie Leihbibliotheken, Lesegesellschaften, Akademien, Konzerte usw.; schon stören und verhindern sie, soviel an ihnen ist, allen Gedankenumlauf und allen Ideenwechsel; schon heben sie alle Druck- und Pressefreiheit auf; schon verschließen sie die Schulen, damit die Menschen dumm bleiben und Sklaven bleiben (bis) in . . .! Dies ist das Vorspiel! Wie gefällt es euch, deutsche Völker? Wie wird erst das Nachspiel sein? Wollt ihr es zaghaft erwarten?

Wie lange, o deutsche Nation, wirst du dich noch mißhandeln lassen? Wahrlich, es ist hohe Zeit, einem Kriege ein Ende zu machen, der schon so vieles Menschenblut gekostet hat, – einem Kriege, der nur durch die Herrschsucht übermütiger Tyrannen und unmenschlicher Despoten angefangen worden ist, – einem Kriege, bei welchem die Tyrannen die Absicht haben, die Völker, welche zu lange schon die Fesseln der Sklaverei getragen haben, noch mehr in Fesseln zu schmieden, – einem Kriege, der den Untergang des ganzen Deutschlands zur Folge haben kann.

Zittert, ihr Tyrannen der Erde! Zittert, ihr Despoten der Völker! Das Volk erwacht!! Das Volk hört die Stimme der Vernunft!!! Die Sonne der Wahrheit erleuchtet die Augen aller Nationen – die Göttin der Freiheit verheißt allen Nationen Glück.

Erbebt, ihr Tyrannen der Erde! Erbebt, ihr Despoten der Völker! Das Volk steht auf!! Furchtbar, schrecklich, grauenvoll ist sein Aufstand, wenn ihr es dazu zwingt, wenn ihr noch länger den Krieg gegen die Frankennation, gegen die Freiheit, gegen die Menschenrechte fortsetzen wollt, wenn ihr euch zu einem neuen Feldzug vorzubereiten wagt!

Lange genug sind die Nationen ihrer ewigen und unveräußerlichen Menschenrechte beraubt gewesen, – lange genug sind sie von Obertyrannen und Untertyrannen, von geistlichen und weltlichen Fürsten, vom Adel und von der

Geistlichkeit mißhandelt, mißbraucht, herabgewürdigt worden, – lange genug haben sie das Joch der Sklaverei getragen, das ihnen Herrschaften gewaltsam und widerrechtlich auflegten, – lange genug haben ihre Ohren die Fesseln an den Füßen der Sklaven rasseln hören, – lange genug hat der Rücken der Menschen die Geißelhiebe ihrer Treiber und die Fuchtel ihrer militärischen Zuchtmeister gefühlt!

Das Volk hat bereits seine Rechte kennengelernt; es ist nicht mehr unwissend. Das Volk hat bereits die Reize der Freiheit erblickt; seine Denkungsart ist nicht mehr sklavisch – ist frei.

Beendet den Krieg, ihr Tyrannen! Macht Frieden, ihr Despoten! Das Volk will Frieden haben und wird Frieden machen, wenn ihr nicht Frieden macht.

Ihr fordert die Völker auf, in Massen aufzustehen? Wie? Wißt ihr auch, ihr Tyrannen, was ihr verlangt?

Ha! die Völker werden in Massen aufstehen, aber um eure Thronen umzustürzen, eure Macht zu zerschmettern, euch in den Staub niederzudonnern, in welchem eure Völker sich bisher haben umherwälzen müssen!

Der Urheber der Natur hat die Menschen zur Freiheit geschaffen; – lange genug habt ihr, ihr Despoten, die heilige Freiheit ihnen vorenthalten! Eilt, eilt, sie ihnen wieder zurückzugeben, oder – sie nehmen sie sich selbst. Wehe auch alsdann, ihr Tyrannen! Die Völker werden, weil ihr es wollt, in Massen aufstehen, aber um das Reich der Sklaverei und des Despotismus zu zermalmen, alle Thronen zu zertrümmern, den übermütigen Adel zu Boden zu treten, den Fanatismus zu brandmarken, der Heuchelei ihre schändliche Larve wegzureißen.

Noch einmal, ihr Tyrannen! Macht Frieden! – oder das Volk steht auf und macht Frieden!!!

Die deutschen Jakobiner und die französische Politik seit 1795

Konnten die deutschen Jakobiner beim ersten Vordringen der Trikolore im Herbst 1792 noch hoffen, daß die Revolutionsheere bei einer Eroberung von Teilen Deutschlands den Absolutismus beseitigen und Repräsentativverfassungen an dessen Stelle setzen würden, so zeigte sich, als das Rheinland zwei Jahre später, zu Beginn der Thermidorianerherrschaft, wieder von den Franzosen besetzt wurde, daß sich die gesellschaftlichen Zustände jenseits des Rheins gewandelt hatten. Die Verschiebung der politischen Gewichtsverhältnisse infolge des Sturzes der Jakobinerherrschaft in Frankreich bedeutete, daß die Staatsmacht von den Trägern der Revolution in die Hände ihrer kapitalistischen Nutznießer übergegangen war. Der Citoyen war dem Bourgeois gewichen. Die Thermidorianer und später die Repräsentanten des Direktoriums, die klassenmäßig mit der Gironde identisch waren, benutzten die durch das jakobinische »Aufgebot in Masse« erzielte militärische Machtbal-

Französische Truppen überschreiten den Rhein, 1795

lung Frankreichs für ihre eigenen Klasseninteressen. Sie ernteten die Früchte der jakobinischen Siege, konnten zur »natürlichen Grenze« des Rheins vorstoßen und nutzten nunmehr die Möglichkeit, das wirtschaftlich erschöpfte Frankreich durch Ausraubung der besetzten Gebiete wenigstens teilweise zu ernähren, die leeren französischen Staatskassen aufzufüllen und einen Teil des Raubs in die eigenen Taschen zu leiten. Die großbürgerlichen Kriegsgewinnler benutzten die Parolen der Freiheit und Gleichheit nur mehr zur Beschönigung ihrer Eroberungsabsichten und sahen in den deutschen Demokraten nur Werkzeuge im Interesse der eigenen Hegemonialbestrebungen.

Der Abbau der demokratischen Errungenschaften innerhalb Frankreichs ging parallel zur verstärkten Zusammenarbeit mit den mitteleuropäischen Feudalmächten. Das Paktieren zwischen Frankreich und den Teilstaaten des Deutschen Reiches, das sich zuerst im Frieden von Basel mit Preußen 1795, dann im Frieden von Campo Formio mit Österreich 1797 und schließlich im Rastatter Kongreß manifestierte, bedeutete ein völliges Abgehen von den ursprünglich verkündeten Revolutionsprinzipien. Das 1790 von der Nationalversammlung verheißene Selbstbestimmungsrecht der Völker wurde außer acht gelassen. Die Politik des Direktoriums beruhte auf den gleichen unmoralischen Grundsätzen des Ländertauschs und Menschenschachers, die das 18. Jahrhundert gekennzeichnet hatten. Als Machtpolitiker verhandelten die Direktoren mit den absolutistischen Mächten, die in Mitteleuropa nach wie vor die Herrschaft innehatten. An der Errichtung einer unabhängigen linksrheinischen Republik, die 1797 von einigen deutschen Jakobinern als Vorstufe zu einer Einheitsrepublik propagiert und vom französischen General Hoche unterstützt wurde, zeigten sich die Direktoren nicht interessiert. Während die nach dem Baseler Frieden im Mai 1795 gezogene Demarkationslinie das nördliche Deutschland vom Kriege fernhielt, waren während der französischen Vorstöße in den Süden Deutschlands Aussichten für einen Erfolg der in Baden, Württemberg und Bayern sowie in zahlreichen Reichsstädten aufflammenden Volksaufstände durchaus gegeben, falls die französischen Machthaber bereit gewesen wären, die deutschen Revolutionäre, die sehr beachtliche Aktivität entwickelten, zu unterstützen. Da es jedoch den Eroberungs- und Ausbeutungszielen der französischen Bourgeoisie und deren politischen Exponenten, den Direktoren, fernlag, die Republikanisierung und Revolutionierung Deutschlands zu fördern, wurden die deutschen Jakobiner, die auf französische Unterstützung angewiesen waren, im Stich gelassen. Auch den Plan zur Sprengung des Rastatter Kongresses und zur Ausrufung eines südwestdeutschen Freistaats, für den sich oberdeutsche Jakobiner der Hilfe General Augereaus versichert hatten, hintertrieben die französischen Machthaber.

Je mehr sich Frankreich von den ursprünglich verkündeten Revolutionsprinzipien entfernte, desto mehr ging den deutschen Jakobinern der ideologische Kompaß verloren. In ihren Appellen zur Volkserhebung wird jetzt eine deutschpatriotische Note hörbar. Dies trifft besonders auf Georg Friedrich Rebmann zu, der neben Georg Forster (der im Januar 1794 in Paris gestorben war) und Eulogius Schneider als bedeutendster deutscher Jakobiner anzusehen ist. Der 1768 in Franken geborene Rebmann hatte sich nach Beendigung seines Jurastudiums der Publizistik zugewandt und war bis Mitte 1794 Redakteur einer in Dresden erscheinenden Zeitung. Dort nahm er für die Französische Revolution Partei und wurde als Jakobiner bekannt. Er übersetzte eine Rede Robespierres über die politische Lage Europas und wurde, als er dazu einen Verleger suchte, mit Gottfried Leberecht Vollmer bekannt, der ebenfalls demokratischen Ideen zuneigte.

Rebmann und Vollmer gaben 1795 in Erfurt eine revolutionäre Zeitschrift »Das neue graue Ungeheuer« heraus – eines der wichtigsten Jakobinerjournale Deutschlands. Im Dezember 1795 verhafteten die Behörden den Verleger Vollmer wegen Drucks und Verbreitung einer aufrührerischen Zeitschrift; Rebmann gelang im letzten Augenblick die Flucht. Von Polizeihunden gehetzt, entkam er in Verkleidung und floh nach Altona, wo ihn die Jakobiner Heinrich Würzer und Friedrich Wilhelm von Schütz aufnahmen. Als die Erfurter Behörden die Auslieferung Rebmanns verlangten, um ihm den Prozeß zu machen, flüchtete er im Juni 1796 nach Paris. Er blieb aber mit seinen Freunden in Norddeutschland in Verbindung, die in der »Königlich Privilegierten Verlagsgesellschaft von Altona«, dem wichtigsten jakobinischen Verlag des rechtsrheinischen Deutschlands, zahlreiche Zeitschriften und gesellschaftskritische Romane publizierten; Vollmer, der aus der Erfurter Haft 1796 entlassen wurde, führte diesen Verlag bis 1800.

Rebmann hatte bis zu seiner Reise nach Frankreich die Illusion aller deutschen Aufklärer geteilt, daß die Abschaffung der Privilegienordnung eine höhere Ethik mit sich bringen müsse, daß die bürgerliche Regierung Frankreichs eine moralischere Politik treibe als die alten Mächte. Die politische Konsequenz dieses Trugschlusses war die Forderung nach Einverleibung des Rheinlands in Frankreich, um diesen Teil Deutschlands an den sozialen und sittlichen Errungenschaften dcs höheren Gesellschaftssystems teilhaben zu lassen. Die gemeinsame Forderung der Rheingrenze bildete die Grundlage der Zusammenarbeit der Jakobiner in der Altonaer Verlagsgesellschaft.

Aber als Rebmann in Frankreich eintraf, lernte er die Amtsmißbräuche und die Vergeudung öffentlicher Mittel durch das in Frankreich herrschende Direktorium und die namenlose Armut der arbeitenden Bevölkerung kennen. Er begriff, daß durch die Errichtung der bourgeoisen Herrschaft weder die Klassengegensätze noch die Machtpolitik der französischen Regierung aufgehoben worden waren. Wenige Monate in Paris genügten ihm, um zu durchschauen, daß eine demokratische Erneuerung Deutschlands nicht im Interesse der bürgerlichen Machthaber Frankreichs lag. In einem Brief an seine Altonaer Freunde vom Dezember 1796 schilderte der Citoyen Rebmann seine Enttäuschung über die Wirklichkeit im Reich der Bourgeoisie und schrieb über die Direktoren:

»Diese Menschenklasse ist, solange nicht überall wahre Aufklärung, wahre kalte Vernunft herrscht, bei der ganzen Menschheit ihres Sieges um so gewisser, da sie jedem System schmeichelt und jedes nach Gutbefinden zu dem ihrigen macht, weil keines ihr am Herzen liegt, da sie mit dem Frömmler heute Ketzer brät, morgen mit dem Politiker vernünftelt, übermorgen mit dem Revolutionär Bilder stürmt und Blutgerichte verwaltet und am nächsten Tag dem

Despoten Weib und Kinder zum Behuf seines Serails liefert. Diese Menschenklasse weiß jede Sprache zu sprechen, jedes Kostüm zu tragen, jede Form anzunehmen. Um den Zweck der Revolution, allgemeines Glück, war es ihnen ja nie zu tun, sondern bloß um den Gewinn, den sie aus der notwendigen Umstürzung der alten Form ziehen konnten.

Ach! Fast möchte ich sagen, wir haben über dem Kampf für unsere Freiheit die Freiheit selbst vergessen. Wir sind nicht um so viel moralisch besser geworden, als wir es hätten werden können. Ermattet von dem Kampfe gegen die Übel des alten gesellschaftlichen Vertrags, haben wir die Übel des neuen zu einer fürchterlichen Größe heranwachsen lassen.«

Diese Gesellschaftskritik des entstehenden Kapitalismus führte Rebmann jedoch zu keiner fruchtlosen Resignation. Er betonte vielmehr die Notwendigkeit, daß Frankreich zu einer konsequent jakobinischen Politik zurückkehren müsse. Aus der Erkenntnis, daß das Direktorium die traditionelle Außenpolitik Frankreichs fortsetzte, die auf Machtlosigkeit und Zersplitterung Deutschlands ausgerichtet war, folgerte er, daß die Annexion des Rheinlands an Frankreich nicht im Interesse des deutschen Volkes lag, sondern nur den nationalfranzösischen Hegemonialbestrebungen diente. Er begriff, daß es den französischen Machthabern nicht auf Republikanisierung Deutschlands, sondern auf dessen Teilung ankam, daß sie nicht die Unterstützung der deutschen Demokraten, sondern das Paktieren mit Österreich und Preußen im Sinne hatten. Vom Direktorium war daher weder die Lösung der sozialen noch die der nationalen Frage Deutschlands zu erwarten.

Rebmann gelangte zum Ergebnis, daß die Abschüttelung und Überwindung des Partikularismus und Absolutismus vom deutschen Volk selbst unternommen werden mußte; es konnte die Befreiung der Deutschen nur ein Werk der Deutschen selbst sein. In seinem Aufruf zur nationalen Aktion rief er dazu auf, sich beim bevorstehenden Freiheitskampf weder auf französische Unterstützung zu verlassen noch die Ausschreitungen nachzuahmen, die die Französische Revolution begleitet hatten. In einer im Mai 1797 publizierten Broschüre, die auch in der jakobinischen Zeitschrift »Die Geißel« in Altona erschien, gab Rebmann seine Sinnesänderung bekannt und rief gleichzeitig zu einer autonomen deutschen Revolution auf:

Georg Friedrich Rebmanns Flugschrift »Die Laterne für die mittlere Klasse des deutschen Volks.« Erste Nummer

Verbannt aus meinem Vaterland, gezwungen, den Boden zu verlassen, der mir das Leben gab, abgerissen von all dem, was mir teuer war, durch widerrechtliche Verfolgung, von einem Priester, der den Altar, dem er dient, schändet, und der Witwen und Waisen plündert, um seine strafbare Eitelkeit zu befriedigen, als Verräter und Feind der Ordnung und Ruhe verleumdet, habe ich dennoch nie vergessen, daß ich ein Deutscher bin, habe willig und gern der Gelegenheit entsagt, unter dem Schutz fremder Waffen auf eine Zeitlang zurückzukehren. Ach! hätten die Fremdlinge Freiheit gebracht, ich wäre zurück geeilt, um mich zuerst unter die Reihen derjenigen zu stellen, die ihr Blut für Germaniens Erneuerung vergossen hätten! Aber sie kamen nur, um sich zu rächen, um sich zu bereichern, und ich hasse Raub im Namen der Republik so sehr, als im Namen eines Despoten. (. . .)

Es sind beinahe sechs volle Jahre verflossen, seit die Tyrannen Europas den ersten Gedanken zu dem wahnsinnigen Kreuzzug gegen ein Volk faßten, das den Mut hatte, seine Fesseln abzuschütteln, und *frei wurde, weil es frei sein wollte.* Ihr werdet euch noch erinnern, daß damals schon einzeln edle und vernünftige Männer aufstanden, welche mit Freimut und Unerschrockenheit den Häuptern der Koalition voraussagten, daß sie bei dem Streit nichts gewinnen und ihre Torheit bereuen würden. Man mietete elende, verworfene Schreier, um euch zu überreden, jene edlen Männer seien Unruhestifter und bezahlt von Frankreichs Geld, um einen Krieg zu hintertreiben, den die Franken, wie man wähnte, auszuhalten zu schwach wären.

Ihr könnt jetzt selbst einsehen, daß man euch betrogen hat, und was würden wohl die Anführer dieses Kreuzzugs darum geben, wenn sie ihn ungeschehen machen könnten! (. . .)

Jeder kleine Prinz glaubte, daß die französischen Jakobiner in seinem Land ein paar hundert Agenten hielten, um dadurch eine Revolution daselbst zu stiften und das Gleichgewicht von Europa zu verändern. Daher beschäftigte sich mancher Duodezpotentat mit der Jakobinerjagd wie jener römische Kaiser mit Fliegenfangen. (. . .)

Aber jeder elende Bube, der einen Privatgroll zu befriedigen hatte, schwärzte seinen Feind mit leichter Mühe an als Jakobiner und Unruhestifter, wenn dieser etwa sich einmal über dergleichen Albernheiten einen Spott erlaubt hatte, die wahren Freunde der Fürsten wurden von ihnen entfernt und nichtswürdige Schmeichler nahmen ihre Stelle ein, welche den Fürsten zu Torheiten und Verbrechen, zu immer größeren Usurpationen verleiteten, und das war um so weniger lächerlich, da es auch in größeren Staaten geschah.

Man hatte Fürsten vorgesagt, daß Vernunft und Aufklärung allein Ursache an der fränkischen Revolution seien, daß man bloß einigen Gelehrten den Sturz der Bourbonen zu verdanken habe, und daß ein Fürst, um von seinen Untertanen geliebt zu werden, durchaus nicht *gut regieren* müsse, sondern um so fester stehe, *je schlechter* er sich aufführe und je mehr er seine Mitbürger mißhandle, das war im Grunde auch lächerlich, aber es wurde mehr als lächerlich, es wurde abscheulich, da diese Grundsätze wirklich in Ausübung übergingen und man überall die Lasten des Volks vermehrte, überall neue Ungerechtigkeiten zu den alten hinzufügte, um das – Mißvergnügen des Volks und seine Geneigtheit zu einer Änderung der Regierungsform zu verhindern. (. . .)

Aber, werden manche Deutsche vielleicht rufen: Wir spielen, die Sklaverei gewohnt, die Rolle des Pferdes, dem es gleich viel ist, ob sein Herr in der Schlacht umkommt, weil der neue auch nichts weiter tun kann, als es reiten und allenfalls peitschen: kurzsichtige, schwache, sklavische Seelen! So hört denn, was weiter geschehen wird. (. . .)

Die Franken werden euch nicht revolutionieren – ich kann euch versichern, daß man daran nicht denkt –, sondern eure Länder soviel wie möglich benutzen, um ihre Armeen gut zu verpflegen. Daß es bei dieser Benutzung eben nicht gar schulgerecht hergeht, könnt ihr euch leicht denken, und das Diebsgesindel von Kommissarien wird euch wieder so schwer fallen als im vorigen Jahr. (. . .)

Eure Fürsten werden, nachdem ihr die Kontributionen und Requisitionen des Feindes bezahlt habt, mit dem Direktorium Frieden schließen, sich wieder wie im vorigen Jahr ihre Fürstenhütchen gegen starke Summen versichern lassen, welche Summen ihr ebenfalls zu bezahlen habt. Hierauf wird der Kaiser, wenn seine Truppen irgend einige Vorteile erfochten, den Frieden mit dem Reichsfrieden für ungültig erklären, seinerseits brandschatzen und requirieren und euch einigen Haufen Kroaten und Ulanen auf Diskretion überlassen. Ihr werdet nicht wissen, ob ihr die Feinde oder die Freunde mehr zu fürchten habt, denn jeder wird euch aussaugen, solange es etwas zu saugen gibt. Und endlich – weil alles einmal ein Ende nehmen muß – wird Friede oder vielmehr ein Stillstand durch die Teilung Deutschlands zwischen Preußen und Österreich erfolgen, wobei Hessenkassel auch nicht ganz vergessen werden möchte. (. . .)

Man wird Priestergewalt und Ansehen der Geistlichkeit so viel wie möglich vermehren, um euch durch Pfaffen im Zaum zu halten. Man wird euch ins Gefängnis sperren, wenn ihr murrt, und euch den Kopf abschlagen, wenn ihr zu laut weint. Man wird euch nach Indien verkaufen, um die allzu starke Bevölkerung zu hemmen. Man wird das Wild auf euren Äckern hegen, um euch durch Nachtwachen abzumatten und euch bei Tag zur Fron treiben. Man wird euch Staatsspione über den Kopf setzen, welche euch bei euren Mählern, in eurem Haus und bis hinter die Gardinen des Ehebetts behorchen werden. Man wird eure Druckereien zerstören und Jesuiten zu Zensoren ernennen. Man wird Hunde abrichten, um diejenigen aufzuspüren, welche mit allen diesen Anstalten nicht zufrieden sind. Ihr, das Volk, welches einst einen Luther erzeugte, welches unter allen Völkern am meisten wahre Aufklärung besitzt; ihr, welchen Kant Philosophie und Moral lehrte; ihr, welche unter allen Völkern der Erde am meisten Neigung zu

Grundsätzen der Sittenlehre und ihrer lebendigen Ausübung habt, werdet herabsinken, tief unter die Spanier und Portugiesen. Noch kann diese Ruhe der Pest nicht lange währen, denn Preußen und Österreich werden, sobald es ihnen immer möglich ist, ihren alten Zwist wieder hervorsuchen. Ihr werdet wieder fechten, Brüder gegen Brüder, ein Spott der freieren Völker, verachtet von euch, vom Ausland, von euren Tyrannen selbst, die euch würgen. Wer kann euch bedauern? Niemand, denn ein Volk, das willig, bei eurer Kraft, bei euren Einsichten am Sklavenjoch zieht, verdient nichts mehr, als Sklave zu sein. Mit Löwenmut fochten Österreichs Heere seit zehn Jahren ohne Unterlaß, schlecht geführt, immer unglücklich, für die Fehde ihrer Tyrannen. Die Hälfte dieser Kraft, dieser Beharrlichkeit für die Sache der Freiheit – und die Tyrannei würde von der Erde verschwunden sein.

Also mit allen diesen Leiden, mit allen diesen Aufopferungen werden Deutschlands Völker *nichts* gewonnen haben als Begründung ihrer alten Sklaverei und Erzeugung neuen Stoffs zu künftigen Kriegen. Die Franzosen werden hingegen, ungeachtet aller durch unglückliche Zufälle und den teuflischen Machiavellismus der Höfe hervorgebrachten, keineswegs aber aus der Natur der Revolution gekommenen Übel und Leiden, groß, frei und mächtig neben ihnen dastehen. Schon jetzt, kaum den Stürmen der Revolution entgangen, sind die fränkischen Landleute wohlhabend und in manchen Gegenden sogar reich; unsere Justiz ist so vortrefflich, daß selbst die hartnäckigsten Verteidiger der alten Ordnung der Dinge nicht umhin können, Bewunderung und Beifall darüber zu bezeigen; der Bürger Wohlstand mehrt sich mit jedem Tage, der Taglöhner kann sich um die Hälfte dessen satt essen, was er ohne allzu große Anstrengung leicht verdienen kann; die Franken kennen keine Fron, keine Jagdgerechtigkeiten, keine aus den finsteren Zeiten der Leibeigenschaft herrührenden Abgaben mehr; Klöster und Klostergüter existieren nicht mehr; alles nähert sich mit jedem Tag der Vollkommenheit, und wenn sie noch laut schreien und klagen, so geschieht es bloß, weil noch nicht alles so vollkommen ist, wie es sein könnte. Aber schon dieses freimütige, laute Tadeln kann auch beweisen, daß sie unter keines Despoten Hand stehen. Was noch mehr wert ist: *Krieg* ist nicht mehr möglich, sobald sie vollends ihren Frieden erkämpft haben, der glorreich werden muß, das Treiben der Prinzen und Herren ist ihnen dann gleichgültig, und die Lust, sie anzugreifen, ist wohl euren Herren ziemlich benommen.

Wie? und mein Vaterland allein sollte sich nie von der Erniedrigung erheben, in welche es Jahrhunderte von Sklaverei, in welche es seine unglückliche Zerstückelung, in welche es die Narrheit seiner Beherrscher und die übertriebene Geduld der Völker gestürzt haben? Ein Volk, dessen Ahnen einst die krieggewohnten Heere der Römer besiegten, sollte fernerhin noch beben vor einem Schwächling, dessen einzige elende Beschäftigung im *Angeln ausgehungerter Fische* besteht? Habsburgs mit Blut und Flüchen beladener Stamm, der, seit er auf dem Kaiserthron sitzt, noch keine zwanzig Jahre hat verstreichen lassen, während der er nicht Brüder gegen Brüder waffnete, sollte ferner noch seine wahnsinnigen Verpflichtungen gegen England mit deutschem Blut abtragen? O, mein Vaterland! deine Jünglinge sollten noch fernerhin mit dem trügerischen Papier Pitts erkauft werden können, um bald in Afrikas Sandwüsten zu verschmachten, bald in der Champagne Heiden zu verwesen oder im Ardennengebirge den Vögeln des Himmels zum Raub zu werden? Ein Volk, dessen Weise sich mit den Weisen jedes anderen Landes messen, dessen Krieger ihren Mut, selbst für eine schlechte Sache, selbst von Knaben angeführt, nie verlieren, ein Volk, das einen Luther gebar, und dem Stuhl von Rom die erste Wunde schlug, sollte fernerhin noch von Metzen geleitet, von Beichtvätern regiert, von unbärtigen Edelknaben zur Schlachtbank geführt werden? Der Italiener, der amphibienartige Holländer selbst, sollten unserer künftig spotten, und der Name eines Deutschen, im Munde aller freien Völker einen feigen Sklaven bezeichnen? Auswandern sollte jeder müssen, dem beim Worte: Vaterland und Freiheit das Herz sich hebt und fremde Völker um Gastrecht bitten, weil er nicht mehr unter Sklaven und Tyrannen hausen kann? Himmel und Erde! Nein! das soll, das kann nicht sein. Lieber möge ein Erdbeben mein Vaterland vertilgen aus der Reihe der Länder und der Abgrund uns, unsere Schande und unsere Tyrannen verschlingen! –

Glaubt nicht, daß ich einer von jenen Aposteln sei, die Staatsumwandlungen predigen, um dabei zu gewinnen, oder die dem Wahn nachhängen, man könne Völker durch Missionarien zur Freiheit bekehren! Ein Volk *frei* machen wollen, ist Wahnsinn. Eine Verfassung, welche für den Franken paßt, den Deutschen aufdringen zu wollen, ist Narrheit. Das Freiwerden eines Volkes mit Karreriaden und Exekutionen in Masse verwechseln oder zu glauben, daß rote Mützen und Jakobinerklubs das Wesen einer Revolution ausmachen, ist eine Albernheit. Die Freiheit pflanzt sich nicht durch die Schelle im Nationalkonvent oder wie ein Götzendienst durch Zeremonien fort, und wenn der Kaiser Franz heute noch sein Haupt mit einer Jakobinermütze bedeckte, so würde er doch nichts sein als ein Tyrann. Also erwartet ja etwa keine Anpreisung dieser Dinge! Was ich euch zu empfehlen gedenke, ist eine Umwandlung anderer Art.

Bei *dieser* Umwandlung rechne ich auf keine Propaganda, auf keine fränkischen Freiheitsprediger, überhaupt nicht im geringsten *auf den Beistand der Franken.* Alles, was ihr im höchsten Falle von der fränkischen Regierung zu erwarten das Recht habt (und das wird noch Mühe kosten), ist, daß sie euch nicht hindert. Ihr seid blind genug gewesen, um euren feilen Schriftstellern bisher aufs Wort zu glauben, daß die Franken große Freude darüber haben würden, wenn an den Grenzen des Rheins eine Republik entstünde. Ihr habt euch getäuscht, und diejenigen unter euch, welche die Geschichte des Feldzugs vom Jahre 1796 näher kennen, werden euch mehr über diese Täuschung sagen können. Es gibt noch immer in Frankreich Leute von Einfluß, deren kleinliche Politik es lieber sieht, wenn sie kleine fürstliche Insekten und ausgemergelte Völker zu Nachbarn hat, als wenn sich nahe bei ihr eine mächtige Republik bildet. Aber, wenn ihr nur ernstlich wollt, wenn ihr nur zur Hälfte für eure Verbesserung den Mut und die Beharrlichkeit anwendet, welche ihr zeigt, indem ihr gegen die Franken und gegen euch selbst fochtet; so muß diese kleinliche Politik eurer Kraft weichen. Ihr sollt keinen fremden Beistand haben, ihr selbst müßt eure Freiheit erkämpfen oder ihr verdient das Schicksal, das sonst eurer wartet.

Eben damals, als gedungene Denunzianten mich als einen Revolutionär verleumdeten, war niemand mehr gegen jede Art von Revolution in Deutschland als ich. Ich war gutmütig genug, zu wähnen, daß die eisernen Ruten, mit welchen der Kaiser und der König von Preußen die Fürsten hauptsächlich des südlichen Deutschlands geißelten, diese endlich dahin bringen würden, einzusehen, daß sie nur die Wahl zwischen einer *vernünftigen Föderation* gegen diese beiden Mächte oder zwischen der Aussicht hätten, *Vasallen von Österreich* und *von Preußen* oder ganz und gar von ihnen verschlungen zu werden. *Eine bewaffnete Neutralität,* eine *zweckmäßige Änderung der alten, unbrauchbaren Konstitution,* vernünftige Regierungsgrundsätze, Zusammenberufung der Landstände und Herstellung derselben, wo sie unterdrückt sind, die Wahl eines nicht ganz unmächtigen Prinzen zum Oberhaupt des südlichen Deutschlands, Säkularisation der geistlichen Stifter – das hätte damals den Süden Deutschlands retten und eine glückliche Reformation in unserer Konstitution begründen können. Meine Hoffnung war unbegründet. Das Übel ist erfolgt, flicken hilft nichts mehr, es muß entweder ein *ernsthafter Streich* gewagt werden, oder Deutschlands Völker müssen sich mit Resignation das Schicksal gefallen lassen, welches ihrer wartet. *Es muß im südlichen Deutschland eine Revolution ausbrechen.*

Bei dem Wort *Revolution* möchtet ihr mir etwa an *Laternenpfähle,* an Ersäufung und Verjagung der Priester, an Zerstörung der Kirchen, an Guillotinieren und der Himmel weiß, an was alles denken, und das wäre mir nicht lieb. Alle diese Dinge haben mit dem Begriff einer Revolution nichts gemein, so wenig wie ein *Autodafé* mit einer Messe, weil man ehemals Messen las, wenn man die Ketzer verbrannte. Bei der Revolution, welche sich von dem reiferen Geist der Deutschen erwarten läßt, könnt ihr (wenn ihr nicht etwa bei den Hinrichtungen eurer Missetäter die Guillotine deswegen wählen wollt, weil sie sicherer trifft als das Schwert des Henkers), alle Ausgaben für diese Maschine ersparen. Eure Regierungskollegien können bleiben, die schlechten Räte ausgenommen, die ihr selbst abschaffen wollt; ihr könnt Messen hören, wenn ihr Lust habt, wie bisher; eure Edelleute können ihr liebes *Von* ferner vor ihre Namen setzen, wenn sie es nicht freiwillig weglassen wollen, nur müssen sie sich gefallen lassen, auf ihre Stifter, auf ihre Majoritätsrechte und hauptsächlich auf das Recht Verzicht zu tun, mit ihren Sprößlingen alle wichtigen und einträglichen Staatsämter zu besetzen. Sie werden sich in reiche Güterbesitzer verwandeln und mit ihren Mitbürgern einen Vergleich wegen der Fron etc. einzugehen sich gefallen lassen müssen. Noch mehr! Ihr könnt im Notfall statt eurer Fürsten, denen übrigens kein Haar gekrümmt werden wird, wenn sie nicht Verrätereien anzetteln, einen Gliedermann aus einem großen deutschen Haus haben, den ihr Direktor, Prorektor, oder wen ihr lieber wollt, König und ihre Majestät nennen könnt, weil ihr doch an einen solchen Gliedermann euer Herz gehängt zu haben scheint.

Diese neuen Einrichtungen werden übrigens es dahin bringen, daß ihr nicht mehr Pfälzer, Bayern, Württemberger, Badenser etc., sondern Deutsche heißt; daß der oder die, denen ihr eure Souveränität übertrugt, nichts tun kann, was nicht ein vom Volk (nicht vom Pöbel des Hofs oder der Städte) gewählter Rat nach Gesetzen beschlossen hat, daß ihr nicht mehr verkauft werdet, daß der Kaiser euch nicht mehr zum Krieg zwingen kann, daß jeder von euch das Recht erlangt, seine Meinung über Dinge bekannt zu machen, die euer Leben oder doch euren Beutel angehen, daß nicht ein hochwohlgeborener Taugenichts nur Fürst und *euer klug und brav geborener* Sohn höchstens des Fürsten Kammerdiener werden kann etc. Kurz, daß ihr eine wahre, vernünftige Freiheit genießt und eine deutsche Konstitution besitzt. (. . .)

Wer aber glaubt, daß dieser Übergang ohne Anstrengung erreicht wird, daß die Freiheitsbürger angeflogen kommen wie die Wachteln ins Lager der Israeliten oder daß die Inhaber der ungesetzlichen Gewalt sich selbst in vernünftige Obrigkeiten verwandeln werden, der ist ein Tor, und wer den Tod im schönen Freiheitskampf scheut, ein Feiger; denn:

»Wer nicht für Freiheit sterben kann,
»Der ist der Kette wert,
»Ihn peitsche Pfaff' und Edelmann
»Um seinen eig'nen Herd.«

Übrigens, so bald ein Volk ernstlich frei werden will, vermag keine Macht, weder im Himmel noch auf Erden, es länger in der Sklaverei zu erhalten, am allerwenigsten ein Volk, bei dem so viel Kraft und so viel Aufklärung anzutreffen ist wie in Deutschland.

Georg Friedrich Rebmann

Die rheinischen Demokraten und das Ende der ersten Französischen Republik

Der Friede von Campo Formio überließ die Entscheidung über die Zukunft des Rheinlands offiziell dem Kongreß, der bald darauf in Rastatt zusammentrat. Da aber die geheimgehaltenen Artikel des Friedensschlusses das Rheinland bereits Frankreich zusprachen, wurde es im November 1797 provisorisch annektiert. General Augereau, der an die Stelle Hoches getreten war, wandelte die Mittelkommission zuerst in eine ›Regie nationale‹ um und löste sie kurz danach auf. Die Kompetenz der Generale auf dem Gebiet der Zivilverwaltung wurde von den Behörden unterbunden.

Die deutschen cisrhenanischen Republikaner verwandelten sich in Propagandisten der Vereinigung mit Frankreich. Die von ihnen begründeten »Patriotischen Gesellschaften« machten es sich zur Aufgabe, auf Verbreitung der republikanischen Grundsätze hinzuarbeiten, dem Volk die Vorteile der Vereinigung mit der Französischen Republik zu erklären und zugleich den Behörden, die nach der Neuorganisation der Verwaltung eingesetzt wurden, ratend und helfend zur Seite zu stehen. Die Cisrhenanen betrachteten sich dabei nicht als Handlanger französischer Interessen, sondern als Repräsentanten eines souveränen Volkes, das freiwillig den Anschluß an Frankreich suchte. Sie appellierten an die Franzosen, die rheinische Bevölkerung als frei, mündig und befreundet anzusehen. In diesem Sinne war die Erklärung abgefaßt, die »im Auftrag des hierzu von allen Zentralausschüssen der Föderation der Patrioten des linken Rheinufers bevollmächtigten Generalausschusses« vom 13. November 1797 abgegeben wurde. Sie proklamierte die Volkssouveränität, verfügte die Trennung vom Reich, hob sämtliche feudalen Rechte, Privilegien und Einrichtungen auf und verkündete die Vereinigung mit der fränkischen

Republik. Damit wiederholten die Cisrhenanen nahezu wörtlich die Verordnungen des Rheinischen Nationalkonvents vom 21. März 1793.

Keinesfalls darf man in diesen cisrhenanischen Erklärungen Verrat an den deutschen nationalen Belangen sehen. Diese in weltbürgerlichem Geist erzogenen Aufklärer sagten in ihrer Souveränitätsresolution ausdrücklich:

»Das Volk dieser Länder wird nie gegen das deutsche Volk, wiewohl es sich von demselben trennt, die Gefühle der aufrichtigen Bruderliebe verleugnen und mit Sorgfalt seine Verhältnisse, die zwischen Deutschland und der Französischen Republik bestehen, zu unterhalten suchen.«

Diese Deklaration ging weit über die Dekrete des Rheinischen Nationalkonvents von 1793 hinaus. Um ihre Entscheidungen zu rechtfertigen, stützten sich die Cisrhenanen weder auf die Geschichte noch auf ihr deutsches Bluterbe noch auf die Tradition, sondern vielmehr auf ihren individuellen Willen: Sie sahen als Vaterland dasjenige Land an, in dem die Prinzipien der staatsbürgerlichen Freiheit und der rechtlichen Gleichheit garantiert waren. Damit wählten sie den Weg des bürgerlichen Fortschritts. Denn nach Liquidierung der cisrhenanischen Republik hätte eine Opposition der Demokraten zur Einverleibung des Rheinlands an Frankreich auch bedeutet, daß sie zu Werkzeugen der feudalen Reaktion hinabgesunken wären. Die absolutistischen Mächte des Deutschen Reiches, die sich um nationale Belange nicht im geringsten scherten, konservierten mit den verrotteten feudalen Zuständen auch den antinationalen Partikularismus, die sogenannte deutsche Reichskonstitution. Eine Bejahung der Reunion dagegen eröffnete dem Rheinland die Aussicht auf die Einführung bürgerlicher Verhältnisse und auf die Errungenschaften der Direktorialverfassung vom Jahre III (1795), mithin auf die Beendigung der Ämtermißbräuche durch Militärs und korrupte Beamte. Die Cisrhenanen hofften, durch die in der Verfassung vorgesehenen Wahlen örtlicher Administrationsorgane eine relative Selbstverwaltung zu sichern.

Das Direktorium ernannte einen Generalkommissar, der mit der Aufgabe betraut wurde, in Finanzen, Gesetzgebung und Verwaltung Ordnung zu bringen und die bürgerlichen

Einrichtungen auf das Rheinland auszudehnen. Die maßgebenden Bestimmungen wurden am 23. Januar 1798 vom ersten Generalkommissar Rudler, einem Elsässer und Schwager des Direktors Reubell, verkündet.

Obwohl die Direktorialverfassung *in Frankreich* einen Rückschritt gegenüber den jakobinischen Bestrebungen bedeutete, da sie die Unterschichten vom politischen Mitspracherecht fernhielt, waren die neuen Bestimmungen *im Rheinland* ein großer Fortschritt und demonstrierten die Überlegenheit der bürgerlichen Gesellschaftsordnung gegenüber den früheren Feudalverhältnissen.

Das Rheinland wurde nach französischem Muster in Departements eingeteilt, deren einheitliche Verwaltung der schillernden Vielfalt des Partikularismus ein Ende setzte. Die Aufhebung des Erbadels, der Adelstitel, die Ämterkäuflichkeit, der Monopole und Privilegien beseitigte die feudalen Traditionen. Der öffentliche Verkauf des Grundherrenbesitzes und der Kirchenländereien sowie die entschädigungslose Abschaffung der Schollenpflichtigkeit, der Fron, der Dienstleistungen und des Zehnten befreite die Bauern. Die Proklamation der Glaubensfreiheit setzte Protestanten den Katholiken gleich. Die Zertrümmerung der Ghettomauern erlöste die Juden von ihrer jahrhundertelangen Diskriminierung und leitete ihre Emanzipation ein. Das Prinzip der Gleichheit vor dem Gesetz machte eine moderne Rechtsprechung möglich: An die Stelle der ständischen Gerichtsbarkeit traten Geschworenengerichte und eine unabhängige und unentgeltliche Justiz. Die Säkularisierung der Erzbistümer, Bistümer, Abteien und Stifte, die Auflösung von Mönchsorden, Klöstern, Klosterschulen und Klosterkerkern, die Errichtung von Standesämtern mit der Befugnis des Vollzugs von Trauungen und Scheidungen sowie die Überführung der Geburts-, Heirats- und Sterberegister in den zivilen Bereich schwächte die geistliche und weltliche Macht des Klerus. Die Reorganisation der Schulen nach französischem Modell und modernere Unterrichtsmethoden hoben das allgemeine Bildungsniveau. Die Einführung der Gewerbefreiheit, die Beseitigung der Korporationen, des Zunftzwanges und der Zollschranken ermöglichten die Entstehung der rheinischen Industrie und legten den Grundstein zu einer wirtschaftlichen Entwicklung, die in den ersten Jahrzehnten des 19. Jahrhunderts einen stürmischen Aufschwung nehmen sollte. – Alle diese tiefgreifenden Änderungen der Sozial- und Wirtschaftsstruktur, die nicht mehr rückgängig zu machen waren und bleibenden Wert besaßen, trafen das alte System an der Wurzel und schufen die Basis zu einer bürgerlichen Industriegesellschaft.

Trotz der Sozialreform, die die Franzosen 1797/98 im Rheinland einführten, erfüllten sich nicht alle Hoffnungen der cisrhenanischen Republikaner. Die Rheinländer blieben den Nationalfranzosen gegenüber zurückgesetzt, da sie nicht das Recht erhielten, ihre Beamten und Richter selbst zu wählen. In diese Stellungen beriefen die Generalkommissare nur Männer, die als Freunde der französischen Neuordnung bekannt waren. Damit blieb eines der wenigen demokratischen Prinzipien, die die Direktorialverfassung enthielt, dem Rheinland vorenthalten. Die Einsetzung der Staatsbeamten von oben deutete schon auf das spätere napoleonische Präfektursystem hin.

Im Rheinland entstanden um die Jahreswende 1797/98 etwa zwanzig konstitutionelle Klubs, die sich die Demokratisierung des öffentlichen Lebens zur Aufgabe machten. Diese politischen Vereine und Zirkel unterschieden sich von der eigentlichen Jakobinerbewegung insofern, daß sie die Bevölkerung nicht zu revolutionären Aktionen gegen die Machthaber anfeuerten, daß sie keine Strafe durch die (von den Franzosen bereits militärisch geschlagenen und vertriebenen) traditionellen Oligarchien zu befürchten hatten und daß ihr Kampfmittel die Massenpetition an die französische Okkupationsverwaltung war. Diese Bewegung ist als Neojakobinismus zu bezeichnen.

Ebenso wie die Jakobiner waren auch die Neojakobiner auf den politischen Beistand bzw. die militärische Schirmherrschaft der Franzosen angewiesen. Dies schloß Kritik an der französischen Politik und den Maßnahmen der Besatzungsbehörden nicht aus. Die Forderungen des Kölner konstitutionellen Zirkels von 1798 an die Franzosen waren Beendigung der Beamtenwillkür, Offenlegung der Finanzen, stärkerer Heranziehung der Bürger in öffentlichen

Angelegenheiten, Recht auf Korrespondenz mit anderen Klubs, gerechtere Verteilung der Kontributionslasten, Abbau der Zollschranken, Verminderung der Steuern auf lebenswichtige Produkte, Einführung einer Luxus- und Vergnügungssteuer und ähnlichen Maßnahmen im Interesse der Bevölkerung. Die Kölner Neojakobiner entwickelten sozial- und bildungspolitische Reformprogramme, arbeiteten ein Verfassungsprojekt aus und setzten sich für Neuorganisation der Verwaltung und des Gerichtswesens ein. Das demokratische Kleinbürgertum des Klubs (der etwa 200 Mitglieder umfaßte) wollte eine kämpferische, dem Magistrat gegenüber kritische Partei, während der wohlhabende Mittelstand an der Zusammenarbeit mit den Franzosen interessiert war.

Die neojakobinischen Zirkel der cisrhenanischen Republikaner existierten etwa bis zum Sommer 1798 und wurden dann von der Direktorialregierung, die machtpolitische Interessen verfolgte und den Demokratisierungsprozeß im Rheinland nicht wünschte, unterdrückt.

Durch Errichtung von französischen Schulen und die Einführung des Französischen als Amtssprache bemühte sich das Direktorium, das Rheinland mit Frankreich zu verschmelzen; die obersten Verwaltungsorgane wurden fast ausschließlich mit Franzosen besetzt. Die Parteigänger der alten Ordnung bedienten sich in zunehmendem Maße deutschnationaler Argumente, um die Annäherung der Bevölkerung an die Absichten der französischen Regierung zu verhindern. Die nationalen Gegensätze zeigten sich 1798 in den sogenannten Reunionsadressen, in denen auf Anweisung des Direktoriums das Selbstbestimmungsrecht der rheinischen Bevölkerung zum Ausdruck kommen sollte. Die Adressen wurden von den Verwaltungen der vier Rheindepartements sorgfältig vorbereitet, und die Ortsbehörden riefen die Einwohner zur Unterschrift auf. Da aber ein großer Teil der Bevölkerung noch unter dem Einfluß des Klerus stand und traditionellen Vorstellungen verhaftet war, hatte die Aktion nicht den erwarteten Erfolg. Nur etwa ein Viertel der Abstimmungsberechtigten erklärten sich für den Anschluß an Frankreich; die Mehrheit verhielt sich gleichgültig, ablehnend oder abwartend.

Gemeinsam mit anderen cisrhenanischen Demokraten gab auch Rebmann seine Unterschrift unter die Reunionsadressen und tat damit kund, daß er sich mit der Annexion abgefunden hatte. Er war am 9. Januar 1798 zum Mitglied des Zivilgerichtshofs in Mainz ernannt worden.

Rebmann fuhr fort, in dem mit Frankreich vereinigten Rheinland einen Sammelpunkt und eine Freistätte aller »deutschen Freiheitsfreunde« zu sehen, und betonte, daß er das Ziel einer »deutschen Revolution« keineswegs aus den Augen verloren hätte.

»(. . .) In allen deutschen Köpfen der Bürger- und Bauernklasse herrscht eine gewaltige Gärung. (. . .) Von diesem Sinai aus möge noch einst eine vernünftige Form, eine auf Menschenrecht beruhende Gesetzgebung von Deutschen für Deutschland ausgehen. (. . .) Wir geflüchteten Freiheitsfreunde leiten indes von Mainz aus die öffentliche Meinung, wir lachen der Zensoren in Deutschland, da wir in Mainz drucken lassen, was wir wollen, und ein Kahn führt es ja über den Rhein! (. . .) Ein Volk muß seine Freiheit selbst erobern, nicht zum Geschenk erhalten!«

Rebmann nahm an den Umsturzvorbereitungen aktiven Anteil, die von badischen und schwäbischen Revolutionären ins Werk gesetzt wurden. Die Errichtung der helvetischen Republik in der Schweiz erfüllte die süddeutschen Jakobiner mit neuen Hoffnungen; die Aufrufe zur Volkserhebung, die Anfang 1798 in Baden, Württemberg und Bayern erschienen, sind ungemein vielgestaltig. Ein Flugblatt, das damals am Oberrhein verbreitet wurde, trug folgenden Text:

Freiheit – Gleichheit

Schon lange hat das deutsche Volk nach seiner Freiheit geseufzt, und die Ungleichheit der Stände war schon lange der Gegenstand seines Hasses und seiner Verachtung. Es fühlt seine Würde und die Wahrheit, daß in ihm die Allgewalt und das Recht liegt, sich Gesetze zu geben, die eines freien Volkes würdig sind. Mutig steht es gegen jene Menschenverkäufer auf, welche, ohne es zu fragen, Staaten und Völker mit der nämlichen Willkür teilen, mit der sie sie bis jetzt beherrschten.

Deutschlands Volk erklärt hiermit, daß es das Joch jeder Art abwirft und einen unabhängigen Freistaat bildet.

Jeder, der es wagt, sich unseren Rechten entgegenzusetzen, wird als Vaterlandsverräter bestraft, und wehe dem Fürsten, der unsere Rache reizt!

Die jakobinischen Aufrufe zur Volkserhebung in Süddeutschland steigerten sich im März 1799 zu einem weitausgreifenden Programm, dem *Entwurf einer republikanischen Verfassungsurkunde, wie sie in Deutschland taugen möchte.* Dieses Dokument, das erst kürzlich wieder aufgefunden und vom DDR-Historiker Heinrich Scheel in seiner Sammlung jakobinischer Flugschriften 1965 publiziert wurde, beweist, daß der deutsche Jakobinismus in der Endphase der Französischen Republik einen außerordentlich hohen Reifegrad erreichte. Der sorgfältig ausgearbeitete Entwurf bildete nicht nur eine bloß theoretische Ausarbeitung einer Konstitution für ein einiges republikanisches Deutschland, sondern enthielt auch Anweisungen zum unmittelbaren Handeln. Der anonyme Verfasser nahm die französische Direktorialverfassung zur Grundlage, war aber in vielem demokratischer als sein Vorbild. Er sah politische Gleichheit und Repräsentation aller Staatsbürger in einem aus freien Wahlen hervorgehenden, aus zwei Kammern bestehenden Parlament vor. Zahlreiche Bestimmungen, die materielle Vorteile zugunsten der Unterklassen auf Kosten des entschädigungslos zu beschlagnahmenden Feudalbesitzes vorsahen, gaben dem Dokument einen ausgesprochen sozialrevolutionären Charakter.

Infolge des zunehmenden Moderantismus der französischen Regierung mußten alle Appelle der deutschen Jakobiner auf die Beseitigung der alten Machtstrukturen diesseits des Rheins auf taube Ohren stoßen. Den Schlußstrich unter die Entwicklung setzte Bonaparte, der Ende 1799 die republikanische Verfassung Frankreichs de facto liquidierte und die Revolution für beendet erklärte. Seine Usurpation bedeutete die endgültige Vernichtung der jakobinischen Hoffnungen. Die deutschen Demokraten fühlten sich in ihren Erwartungen auf französische Hilfe bei der Errichtung eines bürgerlich-demokratischen Staatswesens zu Recht getäuscht und betrogen und verzweifelten an der Mission Frankreichs, das seine Republik im Cäsarismus umkommen ließ. Die jakobinische Publizistik verstummte resigniert am Anfang des neuen Jahrhunderts.

Das Scheitern der republikanischen Bestrebungen schien vielen Zeitgenossen der Beweis zu sein, daß die vernunftmäßigen Prinzipien der Aufklärung unrealisierbar seien und im Widerspruch zur menschlichen Natur stünden. Da der Befreiungskampf, den Frankreich unter der Jakobinerherrschaft gegen die inneren und äußeren Feinde geführt und gewonnen hatte, unter Napoleon, in imperialistische Eroberung und nationalistische Expansion umschlug, wurde die deutsch-französische Freundschaftsidee der revolutionären Demokraten vom deutschtümelnden Franzosenhaß der politischen Romantik überwuchert.

Im Gegensatz zu den französischen Jakobinern hinterließen die deutschen Demokraten der Revolutionsepoche weder in geistesgeschichtlicher noch in politischer Hinsicht tiefe Spuren im Leben der Nation. An die Stelle der zukunftsfreudigen und von Humanitätsidealen erfüllten Aufklärung trat – zum Schaden für die spätere deutsche Geschichte – die Ideologie der Verherrlichung mittelalterlicher Herrschaftsformen.

Da es den patriotisch und weltbürgerlich denkenden deutschen Demokraten nicht gelungen war, die obrigkeitsstaatliche Bevormundung in den deutschen Teilstaaten aus eigener Kraft abzuschütteln, erlebte Deutschland die Revolution als eine Invasion feindlicher Armeen; die Macht der Feudalaristokratie wurde nicht durch eine demokratische Volkserhebung gebrochen, sondern erst durch die Siege der napoleonischen Armeen geschwächt. Gänzlich anders die Entwicklung in den Staaten des Westens: In den Niederlanden hatten im 16., in Nordamerika im 18. Jahrhundert siegreiche Volkserhebungen die Fremdherrscher aus dem Lande zu jagen und bürgerliche Republiken zu errichten vermocht; in England und in Frankreich hatten Revolutionen die traditionelle Privilegienordnung beseitigt und die bürgerlichen Freiheiten in der Verfassung und im Volksbewußtsein verwurzelt. »Ein fremder Eroberer hat in Deutschland die alten Zwingburgen der Feudal- und die Klöster der Ordensherren in Trümmer geschlagen und die gesellschaftlichen Grundlagen des nationalen Staates geschaffen . . ., deshalb ist der deutsche Bürgersmann auch nie ein Freier geworden, sondern immer nur ein Freigelassener, dem die zerbrochene Kette bei jedem Schritt mit verräterischem Klirren nachschleicht . . .« (F. Mehring).

Quellennachweise und Bibliographie

Die Darstellung wendet sich weniger an Fachgelehrte als an eine breite Schicht historisch und politisch interessierter Leser, die mit der weithin unbekannten, von der konservativen Literatur- und Geschichtswissenschaft unterschlagenen demokratischen Tradition Deutschlands im Revolutionszeitalter bekanntgemacht werden soll. Auf einen Anmerkungsapparat wurde verzichtet. Der Autor hat in seinen in der Bibliographie angeführten Arbeiten alle Zitate des vorliegenden Überblicks über den deutschen Jakobinismus quellenmäßig belegt.

Die Revolutionsaufrufe sind folgenden Quellen und Quellensammlungen entnommen:

Karl Clauer: Sendschreiben an alle benachbarten Völker Frankreichs, zum allgemeinen Aufstand (S. 35 ff.), wurde von Hans-Werner Engels wiederentdeckt und von ihm im »Jahrbuch des Instituts für deutsche Geschichte« (Hrsg. Walter Grab), Bd. 2, Tel Aviv 1973, S. 126-144 wiedergegeben.

Eulogius Schneiders Aufruf: An die Freunde der Freiheit zu Speyer, Mainz und Worms (S. 56 ff.), findet sich in der Zeitschrift »Argos oder der Mann mit hundert Augen« (Hrsg. Eulogius Schneider), Nr. XXXVI, Straßburg, 2. November 1792, S. 281-287. Diese Zeitschrift wurde 1976 als Reprint in Liechtenstein herausgegeben.

Friederich Georg Pape: Offenherzige Zuschrift an Friedrich Wilhelm Hohenzollern, dermalen König in Preußen (S. 74 ff.) ist der Quellensammlung Claus Trägers »Mainz zwischen Rot und Schwarz. Die Mainzer Revolution 1792-1793 in Schriften, Reden und Briefen«, Berlin/DDR 1963, S. 331-333, entnommen.

Die jakobinischen Freiheitsgedichte (S. 78 ff.) finden sich in der Quellensammlung von Hans-Werner Engels: »Lieder und Gedichte deutscher Jakobiner«, Stuttgart 1971 mit Kommentaren und Fundangaben sowie Angaben über die Gedichtverfasser.

Der anonyme »Freiheitsaufruf an die hannöverschen Untertanen« (S. 91) liegt im Staatsarchiv Hannover, Han. 74 Göttingen IV K E III No. 1, und ist bei Carl Haase: »Obrigkeit und öffentliche Meinung in Kurhannover 1789-1803«, in: Niedersächsisches Jahrbuch für Landesgeschichte, Bd. 39, 1967, S. 224 abgedruckt.

Die anonymen Flugblätter des Altonaer Jakobinerklubs (S. 103 ff.) liegen im Rigsarkivet Kopenhagen, Dpt. f. u. A. Alm. Korr. Sager, Lit. A, Altona 1793-1810. Sie sind erstmals bei Walter Grab: »Norddeutsche Jakobiner, Demokratische Bestrebungen zur Zeit der Französischen Revolution«, Frankfurt 1967, S. 104-116, kommentiert abgedruckt.

Die anonyme »Aufforderung an die Einwohner von Berlin« (S. 113) findet sich in der Mainzer Nationalzeitung vom 26. November 1792, Nr. CLXXXIII.

Andreas Riedels »Aufruf an alle Deutschen zu einem antiaristokratischen Gleichheitsbund« (S. 122 ff.) findet sich im Haus-, Hof- und Staatsarchiv Wien, Vertrauliche Akten, 4, Fol. 14-26. Der »Aufruf« wurde erstmals von Fritz Valjavec in »Die Entstehung der politischen Strömungen in Deutschland 1770-1815«, München 1951 (Nachdruck 1978), S. 505-515, publiziert. Er findet sich auch ausführlich kommentiert in Alfred Körners Quellensammlung »Die Wiener Jakobiner«, Stuttgart 1972, S. 32-39.

Georg Ruzsitskas »Aufruf an das Landvolk« (S. 131 ff.) findet sich im Haus-, Hof- und Staatsarchiv Wien, Vertrauliche Akten, 7, Fol. 525 f. und wurde erstmals in Alfred Körners Quellensammlung »Die Wiener Jakobiner« S. 42-44 publiziert.

Franz Hebenstreits »Eipeldauerlied« (S. 136 f.) liegt im Haus-, Hof- und Staatsarchiv Wien, Vertrauliche Akten, 3. Fol. 375 und wurde auszugsweise erstmals bei Ernst Wangermann: From Joseph II. to the Jacobin trials, Oxford 1959, S. 140, vollständig zuerst bei Walter Grab/Uwe Friesel: »Noch ist Deutschland nicht verloren. Eine historisch-politische Analyse unterdrückter Lyrik von der Französischen Revolution bis zur Reichsgründung«, München 1970, S. 44-46, veröffentlicht. Vgl. auch H. W. Engels: »Lieder und Gedichte deutscher Jakobiner«, a. a. o., S. 127 f.

Das lateinische Lehrgedicht Franz Hebenstreits »Homo Hominibus« (1793) (S. 138) wurde von Franz-Josef Schuh erstmals 1972 übersetzt. Vgl. Text bei Alfred Körner: »Die Wiener Jakobiner«, S. 227-237 (Kommentar Schuhs S. 238-248), und Übersetzung ebd., S. 53-70. Eine Neuübersetzung nahm Schuh 1973 vor und publizierte sie in seiner Arbeit »Franz Hebenstreit. Jakobiner und Kommunist (1747-1795). Mit dem Gedicht »Mensch unter Menschen« und dem Gruß »An die Franzosen«, Trier 1973, 2. Aufl. in: Hans Pelger (Hrsg.): »Studien zu Jakobinismus und Kommunismus«, Bonn-Bad Godesberg 1974, S. 160-188.

Der Auszug aus den »Reminiszenzen aus dem Feldzug am Rhein in den Jahren 1792 bis 1795« (S. 154) ist dem Aufsatz von Erich Schneider: »Der Revolutionskrieg in der Rheinpfalz 1792-95 in der zeitgenössischen Publizistik und der Memoirenliteratur«, in: Mitteilungen des historischen Vereins der Pfalz, 75. Band, Speyer 1977, S. 133-189 (Zitat S. 162) entnommen. Ebd. auch die folgenden Zitate aus den Schriften Johann Gottlieb Fichtes, Aloys Wilhelm Schreibers und Lafontaines.

Das Bauernlied gegen den Krieg wurde erstmals abgedruckt in: Franz Martin (Hrsg.): Die Salzburger Chronik des Felix Adanktus Haslberger, in: Mitteilungen der Gesellschaft für Salzburger Landeskunde 69, 1929, S. 97 ff., hier S. 156 f.

Der anonyme »Wiederholte Aufruf an die deutsche Nation« (1794) (S. 158 ff.) befindet sich in einer Abschrift im Deutschen Zentralarchiv Merseburg, Rep. 44 C, Auswärtiges Departement, Nr. 613, Fol. 9-17. Die reaktionäre Zeitschrift »Eudämonia oder deutsches Volksglück. Ein Journal für Freunde von Wahrheit und Recht«, Bd. 1, Nr. 1, Leipzig 1795, S. 7-40, druckte den anonymen Aufruf ab und versah ihn mit reaktionären Kommentaren. Er ist abgedruckt bei Hedwig Voegt: »Die deutsche jakobinische Literatur und Publizistik 1789-1800«, Berlin/DDR 1955, S. 200 bis 204, und bei Heinrich Scheel (Hrsg.): »Jakobinische Flugschriften aus dem deutschen Süden Ende des 18. Jahrhunderts«, Berlin/DDR 1965, S. 81-85.

Georg Friedrich Rebmanns Flugschrift »Die Laterne für die mittlere Klasse des deutschen Volks«, 1. Nummer (S. 169 ff.), ist abgedruckt in: »Die Geißel. Herausgegeben von Freunden der Menschheit«, Upsala, bei Gustav Erichson (vielm. Altona, bei Gottfried Leberecht Vollmer) 1797, 5. Heft, 1. Jahrgang, S. 3-33.

Der Aufruf »Freiheit – Gleichheit« (S. 183 ff.) ist abgedruckt bei Heinrich Scheel (Hrsg.).: Jakobinische Flugschriften aus dem deutschen Süden Ende des 18. Jahrhunderts«, Berlin 1965, S. 129. Er findet sich in Abschrift im Deutschen Zentralarchiv Merseburg, Rep. 81, Rastatt, Nr. 5, Bd. 1, Fol. 116.

Auswahlbibliographie wichtiger Quellensammlungen, neuerer Darstellungen und Spezialstudien zur Problematik des deutschen Jakobinismus und verwandter Gebiete.

Baumann, Kurt: Die Kontinuität der revolutionären Bewegungen in der Pfalz von 1792 bis 1849, in: Hambacher Gespräche 1962, Wiesbaden 1964, S. 1-19.

Bers, Günter/Trilsbach, Waltraut: Der Kölner Demokrat Christian Sommer (1767-1835), in: Jahrbuch des Kölnischen Geschichtsvereins 45 (1974), S. 63-108.

Bodi, Leslie: Tauwetter in Wien. Zur Prosa der österreichischen Aufklärung 1781-1795, Frankfurt 1977.

Dittler, Erwin: Johann Georg Friedrich List. In: Ekkart-Jahrbuch der Badischen Heimat. Freiburg 1970, S. 51ff.

ders.: Johann Gottlieb Bärstecher alias Müller, Verleger und revolutionärer Demokrat im Zeitalter der Französischen Revolution. In: Jahrbuch des Instituts für deutsche Geschichte der Universität Tel Aviv, hrsg. von Walter Grab (künftig JIDG), Bd. 1, 1972.

Engels, Hans Werner (Bandbearbeiter): Gedichte und Lieder deutscher Jakobiner. Deutsche revolutionäre Demokraten, Bd. 1. Hrsg. von Walter Grab, Stuttgart 1971.

ders.: Karl Clauer. Bemerkungen zum Leben und zu den Schriften eines deutschen Jakobiners, in: JIDG, Bd. 2, Tel Aviv 1973, S. 101-144.

Erhardt-Lucht, Renate: Die Ideen der Französischen Revolution in Schleswig-Holstein, Neumünster 1969.

Ernstberger, Anton: Nürnberg im Widerschein der Französischen Revolution, 1789-1796. In: Zeitschrift für bayerische Landesgeschichte. Bd. 21 (1958), S. 409 ff.

Faber, Karl Georg: Johann Andreas Georg Friedrich Rebmann. In: Pfälzer Lebensbilder. Speyer 1964, S. 191 ff.

Garber, Jörn (Hrsg.): Revolutionäre Vernunft. Texte zur jakobinischen und liberalen Revolutionsrezeption in Deutschland 1789-1810. Kronberg/Ts. 1974.

Gerth, Hans: Die sozialgeschichtliche Lage der bürgerlichen Intelligenz um die Wende des 18. Jahrhunderts. Frankfurt 1935, Neudruck 1976.

Gordon, Joseph: Georg Forster und die Juden. In: JIDG, Bd. 7, Tel Aviv 1978, S. 215-253.

Gooch, George Peabody: Germany and the French Revolution. New York 1920, Reprint 1966.

Grab, Walter: Demokratische Strömungen in Hamburg und Schleswig-Holstein zur Zeit der ersten Französischen Republik. Hamburg 1966 (Veröff. des Vereins für Hamburgische Geschichte, Bd. 21).

ders.: Norddeutsche Jakobiner. Demokratische Bestrebungen zur Zeit der Französischen Revolution. Frankfurt 1967 (Hamburger Studien zur neueren Geschichte, hrsg. von Fritz Fischer, Bd. 8).

ders.: Noch ist Deutschland nicht verloren. Eine historisch-politische Analyse unterdrückter Freiheitslyrik von der Französischen Revolution bis zur Reichsgründung. Vorwort v. Uwe Friesel. 2. Aufl., München 1973.

ders. (Hrsg): Leben und Werke norddeutscher Jakobiner. Stuttgart 1973.

ders.: Eroberung oder Befreiung? Deutsche Jakobiner und die Franzosenherrschaft im Rheinland 1792-1799, Trier 1971; auch in: Studien zu Jakobinismus und Sozialismus, hrsg. von Hans Pelger, Berlin/Bonn-Bad Godesberg 1974, S. 1-102.

ders.: Von Mainz nach Hambach. Zur Kontinuität revolutionärer Bewegungen und ihrer Repression 1792-1832, in: Deutschland in der Weltpolitik des 19. und 20. Jahrhunderts, Fritz Fischer zum 65. Geburtstag, hrsg. von Imanuel Geiss/Bernd Jürgen Wendt, Düsseldorf 1973, S. 50-69.

ders.: Die Revolutionspropaganda der deutschen Jakobiner. In: Archiv für Sozialgeschichte, Bd. 9, Hannover 1969, S. 113 ff.

ders.: Clubs démocrates en Allemagne du Nord, 1792-93. In: Annales historiques de la Révolution Française, No. 186, Paris 1966, S. 523 ff.

ders.: Robespierre et le Gouvernement révolutionnaire d'après la presse démocratique d'Allemagne du Nord. In: Actes du Colloque Robespierre, XIIe Congrès international des Sciences historiques, Paris 1967, S. 95 ff.

ders.: La réaction de la population de Rhénanie face à l'Occupation par les armées révolutionnaires Françaises 1792-1977. In: Occupants-Occupés, 1792 à 1815, Actes du Colloque, Bruxelles 1968 (Institut de Sociologie), S. 121 ff.

ders.: Eulogius Schneider. Ein Weltbürger zwischen Mönchszelle und Guillotine. In: Gert Mattenklott/Klaus Scherpe (Hrsg.): Demokratisch-revolutionäre Literatur in Deutschland: Jakobinismus, Kronberg/Ts. 1975, S. 61-138.

ders.: Friedrich von der Trenck, Hochstapler und Freiheitsmärtyrer und andere Schriften zur Revolutions- und Literaturgeschichte, Kronberg/Ts. 1977.

ders.: Französische Revolution und deutsche Geschichtswissenschaft, in: JIDG, Bd. 4, 1975, S. 11-43.

ders. (Hrsg., gemeinsam mit Otto Büsch): Demokratische Bewegungen in Mitteleuropa vom ausgehenden 18. bis zur Mitte des 19. Jahrhunderts. Berlin 1979.

Hansen, Joseph (Hrsg.): Quellen zur Geschichte des Rheinlandes im Zeitalter der Französischen Revolution, 1780-1801. 4 Bände, Bonn 1931-38. (Publikationen der Gesellschaft für Rheinische Geschichtskunde, 42).

Hermand, Jost (Hrsg.) Von deutscher Republik. I.: Aktuelle Provokationen. II.: Theoretische Grundlagen. Frankfurt/M. 1968.

Hocks, Paul/Schmidt, Peter: Literarische und politische Zeitschriften 1789-1805, Stuttgart 1975.

Jaquel, Roger: Euloge Schneider en Alsace. In: Annales historiques de la Révolution Française, No. 33 ff., Paris 1932/33, S. 1 ff., 103 ff., 336 ff., 61 ff., No. 46, Paris 1935, S. 218 ff.

Jäger, Hans-Wolf: Politische Metaphorik im Jakobinismus und im Vormärz, Stuttgart 1971.

Julku, Kyösti: Die revolutionäre Bewegung im Rheinland am Ende des achtzehnten Jahrhunderts, 2 Bände, Helsinki 1965/69.

Körner, Alfred: Andreas Riedel. Ein politisches Schicksal im Zeitalter der Französischen Revolution. Diss. Köln 1969.

ders.: Andreas Riedel (1748-1837). Zur Lebensgeschichte eines Wiener Demokraten. In: Jahrbuch des Vereins für Geschichte der Stadt Wien, Bd. 27, Wien 1971, S. 83 ff.

ders.: (Bandbearbeiter): Die Wiener Jakobiner. Schriften und Dokumente. Deutsche revolutionäre Demokraten, Bd. 3, Hrsg. von Walter Grab. Stuttgart 1972.

ders.: Der österreichische Jakobiner Franz Hebenstreit von Streitenfeld. In: JIDG, Bd. 3, Tel Aviv 1974, S. 73-99.

Kuhn, Axel: Jakobiner im Rheinland. Der Kölner konstitutionelle Zirkel von 1798, Stuttgart 1976.

ders. (Hrsg.): Linksrheinische deutsche Jakobiner. Aufrufe, Reden, Protokolle, Briefe und Schriften 1794-1801. Deutsche revolutionäre Demokraten, Bd. 2, Stuttgart 1977.

Lomparski, Bernd: »Patriotismus« und »Vaterland« im Mainzer Klubismus. Diss. phil. Saarbrücken 1974.

Mühlpfordt, Günter: Karl Friedrich Bahrdt und die radikale Aufklärung. In: JIDG, Bd. 5, Tel Aviv 1976, S. 49-100.

Obermann, Karl (Hrsg.): Zur Frage des Charakters der französischen Kriege in bezug auf die Entwicklung in Deutschland in den Jahren 1792 bis 1815. Berlin/DDR 1958.

Prignitz, Christoph: Friedrich Hölderlin. Die Entwicklung seines politischen Denkens unter dem Einfluß der Französischen Revolution. Hamburg 1976.

ders.: Hölderlin als Kritiker des Jakobinismus und Verkünder einer egalitären Gesellschaftsutopie. In: JIDG, Bd. 8, Tel Aviv 1979, S. 103-123.

Reinalter, Helmut: Die gesellschaftspolitischen Vorstellungen der österreichischen Jakobiner. In: JIDG, Bd. 6, Tel Aviv 1977, S. 41-80.

ders.: Aufklärung, Freimaurerei und Jakobinertum in der Habsburger-Monarchie. In: H. Reinalter (Hrsg.): Jakobiner in Mitteleuropa, Innsbruck 1977, S. 243-269.

Reintjes, Heinrich: Weltreise nach Deutschland. Johann Georg Forsters Leben und Bedeutung. Düsseldorf 1953.

Rieck, Werner: »Doctor Bardt mit der eisernen Stirn . . .« Zimmermann und Kotzebue im Kampf gegen die Aufklärung. In: Weimarer Beiträge, 12. Jg., Heft 5/6, 1966, S. 909 ff.

Rödel, Wolfgang: Forster und Lichtenberg. Ein Beitrag zum Problem deutsche Intelligenz und Französische Revolution. Berlin/DDR 1960.

Rosenstrauch-Königsberg, Edith: Aloys Blumauer – Jesuit, Freimaurer, Jakobiner. In: JIDG, Bd. 2, Tel Aviv 1973, S. 145-171.

dies.: Freimaurerei im josephinischen Wien (Wiener Arbeiten zur deutschen Literatur, 6), Wien 1975.

Roth, Hugo: Die Mainzer Presse von der Mainzer Revolution 1792 bis zum Ende der zweiten französischen Herrschaft 1814 (Quellen und Forschungen zur hessischen Geschichte 11). Darmstadt 1930.

Ruiz, Alain: Un admirateur allemand de Sieyès, Karl Friedrich Cramer. In: Revue d'histoire diplomatique 3/4, Paris 1974, S. 1-53.

ders: »Cramer, der Franke«: ein norddeutscher Herold der Französischen Revolution gegen die »aristokratischen Skribenten« seiner Zeit. In: H. Reinalter (Hrsg.): Jakobiner in Mitteleuropa, Innsbruck 1977, S. 195-227.

ders.: Karl Friedrich Cramers ideologisch-politischer Werdegang. Vom deutschtümelnden Freiheitsbarden zum engagierten Anhänger der Französischen Revolution. In: JIDG, Bd. 7, 1978, s. 159-214.

Scheel, Heinrich: Süddeutsche Jakobiner. Klassenkämpfe und republikanische Bestrebungen im deutschen Süden Ende des 18. Jahrhunderts. Berlin 1926. (Deutsche Akademie der Wissenschaften zu Berlin. Schriften des Instituts für Geschichte. I, 13.)

ders.: Die Mainzer Republik im Spiegel der deutschen Geschichtsschreibung. In: Jahrbuch für Geschichte (Hrsg. von Ernst Engelberg u. a.), Bd. 4, Berlin/DDR 1969, S. 9 ff.

ders.: Deutscher Jakobinismus und deutsche Nation. Ein Beitrag zur nationalen Frage im Zeitalter der großen Französischen Revolution. (Sitzungsberichte der Deutschen Akademie der Wissenschaften zu Berlin. Klasse für Philosophie, Geschichte, Staats-, Rechts- und Wirtschaftswissenschaften, Nr. 2) Berlin 1966.

ders.: Deutsche Jakobiner. In: Zeitschrift für Geschichtswissenschaft. 17. Jg., Heft 9, Berlin/DDR 1969, S. 1130 ff.

ders.: Die Statuten des Mainzer Jakobinerklubs. In: Jahrbuch für Geschichte (Hrsg. von Ernst Engelberg u. a.), Bd. 5, Berlin 1971, S. 303 ff.

ders.: Eine Revolutionsschrift Georg Forsters vom November 1792. In: Zeitschrift für Geschichtswissenschaft. 19. Jg., Heft 8, Berlin/DDR 1971, s. 1045 ff.

ders.: Spitzelberichte aus dem jakobinischen Mainz. In: Jahrbuch für Geschichte (Hrsg. E. Engelberg u. a.), Bd. 6, Berlin/DDR 1972, S. 501 ff.

ders.: Die Begegnung deutscher Aufklärer mit der Revolution, Berlin 1973.

Scheel, Heinrich (Hrsg.): Jakobinische Flugschriften aus dem deutschen Süden Ende des 18. Jahrhunderts. Berlin/DDR 1965. (Deutsche Akademie der Wissenschaften zu Berlin. Schriften des Instituts für Geschichte. I, 14.)

ders.: (Hrsg.): Die Mainzer Republik I. Protokolle des Jakobinerklubs. Berlin/DDR 1975 (Akademie der Wissenschaften der DDR, Schriften des Zentralinstituts für Geschichte, 42).

Schildhauer, Johannes: Auswirkungen der Französischen Revolution auf Mecklenburg (1789-1800). Habilitationsvortrag. In: Wiss. Zeitschrift der Ernst-Moritz-Arndt-Universität Greifswald, Jg. VII, 1957/58, Gesellschafts- und sprachwissenschaftl. Reihe, Nr. 1/2. Greifswald 1958.

Schuh, Franz-Josef: Franz Hebenstreit. Jakobiner und Kommunist (1747-

1795). Mit dem Gedicht »Mensch unter Menschen« und dem Gruß »An die Franzosen«. Trier 1973 (Schriften aus dem Karl-Marx-Haus, 11).

Steiner, Gerhard: Franz Heinrich Ziegenhagen und seine Verhältnislehre. Ein Beitrag zur Geschichte des utopischen Sozialismus in Deutschland. Berlin/DDR 1962.

ders.: Der Traum vom Menschenglück. Leben und literarische Wirksamkeit von Carl Wilhelm und Henriette Frölich. Berlin/DDR 1959.

ders.: Theater und Schauspiel im Zeichen der Mainzer Revolution. Ein Beitrag zur Geschichte des bürgerlich-revolutionären Theaters in Deutschland. In: Studien zur neueren deutschen Literatur. Hrsg. von Hans Werner Seiffert. Berlin 1964, S. 95 ff. (Deutsche Akademie der Wissenschaften zu Berlin, Veröffentlichung des Instituts für deutsche Sprache und Literatur, Bd. 29).

ders.: Georg Forster. Stuttgart 1976.

ders. (Hrsg.): Jakobinerschauspiel und Jakobinertheater. Deutsche revolutionäre Demokraten, Bd. 4. Stuttgart 1973.

Stern, Alfred: Der Einfluß der Französischen Revolution auf das deutsche Geistesleben. Stuttgart und Berlin 1928.

Stephan, Inge: Johann Gottfried Seume als politischer Schriftsteller. Ein Beitrag zur Spätaufklärung in Deutschland. Stuttgart 1973.

dies.: Literarischer Jakobinismus in Deutschland (1789-1806). Stuttgart 1976.

Stulz, Percy und *Opitz Alfred:* Volksbewegungen in Kursachsen zur Zeit der Französischen Revolution. Berlin/DDR 1956.

Träger, Claus (Hrsg.): Mainz zwischen Rot und Schwarz. Die Mainzer Revolution 1792 bis 1793 in Schriften, Reden und Briefen. Berlin 1963.

ders.: Aufklärung und Jakobinismus in Mainz 1792/93. In: Weimarer Beiträge, 9. Jg. 1963, S. 684 ff. – Wiederabgedruckt u. d. T.: Aufklärung und Jakobinismus – die Mainzer Revolutionspropaganda 1792/93, in: Claus Träger: Studien zur Literaturtheorie und vergleichenden Literaturgeschichte, Leipzig 1970.

ders.: Georg Forster und die Verwirklichung der Philosophie. In: Sinn und Form. 14. Jg., Berlin/DDR 1962, S. 625 ff.

ders. (Hrsg.): Die Französische Revolution im Spiegel der deutschen Literatur. Leipzig 1975.

Uhlig, Ludwig: Georg Forster. Einheit und Mannigfaltigkeit in seiner geistigen Welt. Tübingen 1965.

Valjavec, Fritz: Die Entstehung der politischen Strömungen in Deutschland 1770-1815. München 1951. Reprint Düsseldorf 1978.

Voegt, Hedwig: Die deutsche jakobinische Literatur und Publizistik 1789 bis 1800. Berlin 1955.

dies.: Robespierres Reden im Spiegel der Publizistik Georg Friedrich Rebmanns. In: Maximilien Robespierre 1758-1794. Beiträge zu seinem 200. Geburtstag. Hrsg. von Walter Markov. Berlin 1958, S.505 ff.

Wangermann, Ernst: From Joseph II. to the Jacobin trials. Oxford 1967. Deutsch u. d. T.: von Joseph II. zu den Jakobinerprozessen. Wien 1966.

Zwitter-Tehovnik, Dana: Wirkungen der Französischen Revolution in Krain. Wien-Salzburg 1975.